Maestría Kuji-In
El Poder de la Manifestación

Escrito por MahaVajra

F.Lepine Publishing
www.kujiin.com

© François Lépine, 2006 - 2016
ISBN: 978-1-926659-35-0

Indice

La Fuente de Sabiduría y Poder..5

El estado sagrado de la mente.. 8

El Espíritu.. 11

Técnica Contemplativa.. 13

Respiración y Conciencia 15

El Ego humano.. 17

Manos y dedos entralazados 21

Del Sánscrito al Japonés, y viceversa 27

Luz y Diamantes *Qué es un Vajra.*.. 31

Vuelve siempre a ti mismo. 33

RIN **34**
   RIN Conciencia.. 34
   RIN Técnica... 35

KYO **43**
   KYO Conciencia.. 43
   KYO Técnica 49

TOH.. **54**
   TOH Conciencia 54
   TOH Técnica.. 56

Emociones Humanas, Ego Humano 63
SHA 64
   SHA Conciencia 64
   SHA Técnica 68

Sanación y Rectificación 73

KAI 78
   KAI Conciencia 78
   KAI Técnica 82

Meditación Kuji-In 85

JIN 86
   JIN Conciencia 86
   JIN Técnica 88

Revelación 92

Retsu 93
   Retsu Conciencia 93
   Retsu Técnica 95

ZAI 99
   ZAI Conciencia 99
   Zai Técnica 102

ZEN 105
   ZEN Conciencia 105
   ZEN Técnica 106

Conclusión 109
   Donde comienza el camino 109

La Fuente de Sabiduría y Poder

Las técnicas de los Nueve Sellos no han generado la sabiduría que procede de su aplicación, de hecho es lo contrario. La sabiduría antigua de los hindús y budistas que reunieron Kuji-In durante milenios, fue contemplada y llevó a la práctica ritual resultante resumiéndola, dando lugar a la técnica Kuji-In tal como la conocemos hoy. Desde entonces, la aplicación de la técnica contribuye a la reintegración del conocimiento sagrado creando una vía para la conciencia del estudiante que practica esta técnica ritual.

Posteriormente, el origen delicado de este sistema de conocimiento que compone el Kuji-In se perdió, y para muchos practicantes tan sólo permaneció la práctica ritual. Aún así, la aplicación de la técnica ritual no será suficiente para restaurar la belleza y el poder iniciales. La eficiencia de los mudras hará maravillas por sí misma, con el tiempo. Lo mismo harán los mantras y las imágenes mentales. De cualquier manera, el sistema completo de los Nueve Sellos no fue dispuesto para hacer efecto "con el tiempo", sino rápidamente y de forma eficiente. Mientras que los aspectos físicos y mentales de la técnica son fáciles de recordar y aplicar, el verdadero secreto está en la contemplación de la sabiduría, una parte importante del proceso completo.

Al aplicar la práctica ritual a la vez que el conocimiento que lo originó, el proceso Kuji-In se vuelve completo y produce una expansión de conciencia poderosa y eficiente, que es el objetivo de la práctica. Los componentes físicos y mentales se usan para sintonizar la mente y el cuerpo al proceso espiritual. Sin el elemento físico, el efecto no se manifestaría tan rápidamente. Sin el elemento mental, el efecto no interactuaría con nuestra percepción consciente con tanta eficiencia.

Cada aspecto de esta técnica está cuidadosamente trabajado de manera que desarrolla cada uno de los diferentes niveles en relación a nuestra experiencia consciente de vida. Cada uno de los nueve pasos del proceso Kuji-In se encarga de un área completa de nuestra existencia. En cada paso, el mudra ha sido seleccionado de forma cuidadosa, el mantra sopesado a fondo, las imágenes mentales y actitudes trabajadas con cuidado, de forma que reflejan la sabiduría original que se quiere transmitir a cada estudiante.

El cambio de vida frecuentemente es un desafío, por la vacilación, la duda y el miedo a lo desconocido. Es una vía de aprendizaje constante, en la que se adquiere nuevo conocimiento cada día, manteniendo una actitud de inocencia, y se presta atención a cada nueva reacción que aflore, siendo lo suficientemente humilde para aceptarlas.

Para desarrollarse no será suficiente aplicar la técnica ritual Kuji-In de forma adecuada. Con mucha práctica, notará que su actitud cambia, pero de forma voluntaria, verá que toda su existencia cambia.

Kuji-In se construyó con el único propósito de transformar rápidamente nuestras vidas para mejor, para fomentar nuestras habilidades, cualquiera que sean, y abren nuestros horizontes a experiencias con las que no nos atrevemos a soñar. Sea respetuoso con la técnica, tal y como se le ha transmitido, y ponga su mente en un estado sagrado para cada práctica; los resultados serán eficientes en los comienzos, profundizando según avance y extraordinarios con el tiempo.

El estado sagrado de la mente

El objetivo del crecimiento y la transformación es encontrar el Espíritu en su interior, y no necesariamente rezar a un Dios externo. De hecho, no es necesario definir un Dios en absoluto. Puede practicar Kuji-In y adaptar la espiritualidad de las enseñanzas a su propia definición de la fuerza absoluta del universo, cualquiera que elija. Su Espíritu es su propia Divinidad, su primer envoltorio sobre la verdad absoluta acerca de la fuente de la creación, independientemente del nombre que elija para definir esta fuente.

La toma de contacto con uno mismo, incluso con pequeñas cosas, es, de hecho, la manera de entrar en contacto con su Yo más elevado, desde el interior, lo que es perfecto. La actitud sagrada es muy diferente a tener un dogma en el que creer. Simplemente hacer una pequeña oración, incluso a su Espíritu, sin nombrar ningún Dios o invocar un nombre, es entrar en una actitud sagrada. El simple hecho de tomarse unos segundos para decir en voz alta que está poniéndose en una actitud sagrada y hacer Kuji-In para su desarrollo espiritual, es poner su mente en una actitud sagrada.

Sería arrogante decir que no necesita hacer ningún tipo de oración o afirmación espiritual, que Kuji-In le hará más poderoso sin la ayuda del Espíritu. Este pensamiento es simple y una contradicción en sí mismo. Ahora mismo, está entrando en contacto con aquello que verdaderamente es, y es perfecto. Creer en un Dios externo no es necesario en absoluto. Un Dios externo es para la religión. Kuji-In no tiene que ver con la religión, sino con usted mismo. Sepa que Kuji-In es inútil sin la interacción con su Espíritu. Tómese tiempo para decir físicamente que está haciendo un paréntesis para sí mismo e invoque la presencia de su Espíritu; estará en el buen camino. Incluso diría que éste es el objetivo de la maestría Kuji-In; llamar al poder de su Espíritu para que pueda proyectarse en su experiencia física, manifestando eventos sobrenaturales y desarrollando nuevas habilidades de percepción.

Por ejemplo, podría decir:

"Por la presente entro en un estado mental sagrado, para tener una relación privilegiada con mi Espíritu." Luego respire profundamente, y preste atención a cómo se siente, incluso aunque no sienta nada en particular. Prestar atención provocará la comunión, incluso de manera delicada.

Este estado será suficiente para poner su mente en una actitud sagrada. Luego, aquellos que deseen combinar su experiencia espiritual personal con su relación con el Dios de sus creencias, podrán hacerlo.

La razón principal por la que algunas personas persiguen una vía espiritual en el contexto de una religión o con un maestro espiritual es que están motivados a ir más allá de sus límites, de otra manera quedarían atados a sus propios juicios y miedos, entorpeciendo su progreso. Afrontar la verdad sobre uno mismo, requiere motivación y coraje.

El Espíritu

La perseverancia en la aplicación de la técnica de Kuji-In reconstruirá de forma progresiva la unión con su propio Espíritu. Al fluir como humano, facilita su camino como Espíritu. Prestando atención a la presencia silenciosa de su interior, eventualmente sentirá que hay alguien ahí, alguien que se reconoce como parte de usted, pero no es la persona que usted es. No es una identidad humana, o una persona, como con la que está habituado a estar en contacto. Es de una naturaleza más elevada, completamente silenciosa y sagrada, como si estuviera observándose.

A través de nuestra experiencia de vida humana, nos condicionamos con creencias y adoptamos una serie de definiciones que relacionamos con la identidad de quienes somos. Construimos nuestra identidad humana. El Espíritu no tiene nada que ver con el condicionamiento y la identidad. Está vacío de cualquier definición, libre de limitaciones intelectuales, dado que existe más allá de la mente humana. Piensa y vive de una manera de la que, como humanos, no somos conscientes. Para los seres humanos, el Espíritu se siente como una presencia, como una fuerza externa sentida en el interior.

Esta presencia no es usted, como humano, con rasgos de personalidad, un carácter y una identidad. Es usted como Espíritu. Al comienzo, parecerá ser alguien diferente, y esta sensación es apropiada, dado que su parte humana percibe esta nueva presencia como alguien diferente. Por supuesto, no es su identidad humana, y es normal que lo sienta como "otro".

Desde un punto de vista humano, el Espíritu parece estar separado, ajeno a la definición humana personal que hemos construido. De manera gradual, permitiendo esta nueva presencia, que no es sino usted en otro nivel de consciencia, comenzará a sentirse uno con su Espíritu y su Yo humano permitirá que dicha presencia penetre en la definición de sí mismo. Este es el proceso a través del cual el Yo humano acepta la presencia del Espíritu uniéndose a la identidad humana. Con el tiempo, esta unión le llevará a recordar quién es, desde un punto de vista más elevado, y la separación entre lo humano y lo espiritual se diluirá en la conciencia. .

La clave es sencilla, preste atención. Tras cada práctica, meditación y relajación, escuche, observe, huela, saboree y sienta. Trate de encontrar la presencia o bien permita que se revele. Permítale estar presente.

Técnica Contemplativa

Anteriormente hemos aprendido a implicarnos de forma activa en la aplicación ritual de Kuji-In. La razón es estimular nuestra habilidad para proyectar nuestra fuerza de voluntad a través de la técnica. También es más sencillo concentrarse en todos los aspectos de un set Kuji-In mientras estamos mentalmente activos y completamente conscientes. Ahora que hemos avanzado en el proceso de aprendizaje, cambiaremos nuestra aproximación.

Las técnicas Kuji-In tal y como le han sido transmitidas han de ser practicadas de una manera contemplativa. Con contemplativo, queremos decir que debe observar mentalmente la visualización, reflexionar sobre el concepto filosófico y mantener suavemente el mudra en una posición cómoda, para que la mente pueda entrar en un estado meditativo. Tras fijarnos en los detalles de la técnica, nos centramos en un estado mental entre la aplicación consciente de la técnica y la trascendencia. Trascendencia no en el sentido de perder la conciencia, sino que no estemos humanamente tan presentes como para impedir la interacción con nuestro Espíritu.

Tómese tiempo para reflexionar cada uno de los conceptos de cada set en profundidad. Estudie las relaciones entre los diferentes aspectos de cada técnica. Cuanto más aprenda de forma global de cada rasgo de Kuji-In, tanto más espacio reservará su mente para ellos. Puede incluso volver a leer la filosofía sugerida en el libro de Kuji-In Avanzado, para establecer tantos eslabones como le sean posibles.

Una vez comprendido el contenido general intelectual de un set Kuji-In, póngase en una postura relajada y vague por los reinos de la conciencia que Kuji-In despertará en usted. Aplique la técnica en una contemplación suave, manteniéndola en su mente tanto como pueda, sin esfuerzo. En cada período de práctica, su mente seleccionará aspectos específicos de la técnica.

Deje que la conciencia explore, manteniendo la base de la técnica ritual. No recomendamos que vaya a un estado de soltarlo todo, de otra manera ya no sería Kuji-In, sino otro tipo de experiencia. En este punto, queremos usar la experiencia construida previamente con su práctica Kuji-In para establecer activamente un eslabón con su Espíritu, mientras permanece lo suficientemente sensible para percibir lo que su Espíritu pueda revelarle. Su ego humano puede jugar con usted. Use su discernimiento y permanezca atento a como aprendió, sin juzgar qué podría ser una revelación genuina de su Espíritu. Su Espíritu no cambiará la técnica Kuji-In dado que no se preocupa por la técnica. Le revelará quién es usted.

Respiración y Conciencia

El Prana, la energía que fluye en el aire y en toda la naturaleza, está disponible a través de la respiración. La respiración permite a nuestro cuerpo asimilar el oxígeno, y sobre el nivel de energía, nuestro cuerpo energético asimila Prana, la energía de vida disponible en todo lugar.

Cada set Kuji-In debe hacerse en una postura física cómoda, que permita su respiración fluir libremente, y en un estado mental relajado, permitiendo a su sistema energético asimilar tanto Prana como sea posible. No fuerce este proceso concentrándose. Permita que tenga lugar en un estado mental relajado.

Comience su práctica de Kuji-In con un poco de respiración consciente, o con la técnica de respiración que quiera. Sea consciente de cómo el aire atraviesa sus cavidades nasales y preste atención a la energía que entra en su sistema energético a través del entrecejo. De forma natural, esta energía fluye hacia el centro de su cabeza, hacia la parte posterior del cráneo y a lo largo de la columna vertebral.

Cuanto más atención preste al flujo de Prana al entrar en su cuerpo, más se embeberán sus células cerebrales en esta energía activadora, produciendo cambios en su mente y en su cerebro físico. Pero, mientras presta atención, permítase permanecer consciente de otros aspectos de su Espíritu y sus posibles manifestaciones a nivel físico.

La conciencia viaja a través de su respiración. La respiración da vida, y el Espíritu fluye a través de la vida. Comience cada práctica con esta afirmación de conciencia. Permitirá a su Espíritu fluir con facilidad a través de su Yo humano, y progresivamente, recordará quién es.

A partir de este momento, cada vez que termine un capítulo, y cada vez que encuentre un aspecto del conocimiento que le afecte, haga una respiración profunda y relajada y preste atención. Deje que el conocimiento se integre en su mente. Deje que la energía se integre en su cuerpo. Deje que el Espíritu se revele a sí mismo.

El Ego Humano

El ego humano se compone de todo aquello que hemos definido como la realidad en la que vivimos. Es una serie de interpretaciones de nuestras experiencias humanas resumidas en una sola entidad cognitiva, a la que damos nuestro nombre personal. El ego humano no tiene idea de lo que es el Espíritu. Antes de tener contacto suficiente con el Espíritu, su ego humano temerá este contacto, porque tememos lo que no conocemos, y nuestro ego humano tan sólo se conoce a sí mismo.

Nuestro ego humano tiene alguna conciencia de sí mismo y toma decisiones para llamar toda la atención que pueda. Cuanto más pueda usar nuestra existencia humana, más feliz es. Es por ello que no debemos ver nuestro ego como un enemigo, sino hacer todo lo que podamos para considerarlo un amigo. Al centrarnos en borrar nuestro ego humano, estamos intentando destruir lo que nos ayuda a definir nuestra existencia. Al tratar el ego humano de forma amistosa, nos proporcionamos una herramienta magnífica mientras necesitemos sus definiciones para funcionar como seres humanos.

Con el tiempo, elevándonos y construyendo nuestras definiciones personales a un más elevado nivel de conciencia, fomentaremos la interacción de nuestro Espíritu con nuestra identidad humana. La presencia de nuestro Espíritu en nuestra conciencia humana transmutará lentamente nuestro ego humano en una mejor herramienta para servir a nuestros objetivos espirituales. Hasta entonces, hemos de confiar en nosotros mismos y trabajar con nuestro ego humano, dado que es la herramienta más poderosa que tenemos por el momento.

Nuestro ego humano es la herramienta que poseemos y no va a desaparecer. Si nos tomamos tiempo para aprender de nosotros y comprender nuestro ego, nos haremos conscientes de su funcionamiento y será más sencillo transformarnos, hasta que la transmutación espiritual pueda tener lugar.

Al principio, nuestro ego luchará para impedir las interacciones con nuestro Espíritu. Nuestro ego siente el efecto transmutador del Espíritu, y teme perderse y destruirse al aceptar al Espíritu. De hecho, el Espíritu no destruye el ego al transmutarlo, sino que lo preserva en un estado elevado de conciencia.

Tómese su tiempo para adaptarse a su ego humano así como a su Espíritu. Ambos son lo mismo, ambos son uno, el ego sólo percibe los reinos inferiores, ensombrecidos por las desavenencias e ilusiones humanas, y el Espíritu percibe de todos lados, viendo tan solo perfección.

Manos y Dedos Entrelazados

Las manos, por sí mismas contienen algunos misterios, que desentrañaremos en los próximos capítulos. Cada mano contiene múltiples representaciones, y algunas de ellas han sido clasificadas a lo largo de eras, en correspondencia con otros aspectos de nuestra naturaleza humana y espiritual. Dado que existen múltiples variaciones de Kuji-In, mantenga en su mente que este sistema de clasificación se basa en la Aproximación Transformacional y que otros sistemas son sabios y legítimos, cada uno con su propósito.

La mano izquierda usualmente representa lo femenino, lo receptivo, lo que toma, lo pasivo, mientras que la derecha representa lo masculino, lo que emite, lo que ofrece, la mano activa. En nuestra búsqueda de comprensión de la sabiduría implicada en la práctica de Kuji-In, tendemos a definir la mano izquierda como la mano humana y la mano derecha como la mano espiritual.

Como cualquier sistema de clasificación analógica, las relaciones que hacemos están más cerca de las metáforas que de la verdad física. Mantengamos en la mente que la mano derecha puede recibir y la mano izquierda puede ofrecer, incluso si las correspondencias estuvieran establecidas al contrario. De la misma manera, la mano izquierda es tan espiritual como la derecha y la mano derecha es tan humana como la izquierda.

De cualquier manera, imaginemos por un momento que los gestos rituales que hacemos en Kuji-In con nuestra mano izquierda fueran la representación de nuestra implicación humana en la técnica, y que la mano derecha representara la implicación del Espíritu. Sería razonable afirmar, en la mayor parte de los sets, que tanto lo humano como el Espíritu colaboran de forma armoniosa, dado que la mayor parte de los mudras se presentan en simetría. Pero no para el mudra de Retsu y Zen, el 7º y el 9º, donde los mudras son asimétricos. Aun así, son armoniosos con su funcionamiento y lo explicaremos con detalle en breve.

Igual que con las manos, cada dedo representa un aspecto de nuestra naturaleza humana y espiritual. Al entrelazar nuestras manos y dedos, no sólo usamos las combinaciones beneficiosas de diferentes meridianos energéticos, sino que además afirmamos una representación conceptual de los aspectos de la naturaleza que funcionan de forma conjunta para alcanzar el objetivo deseado. De la misma manera, el dibujo del símbolo puede despertar el patrón de vibración correspondiente a su significado, la colocación de los dedos en un gesto simbólico puede despertar estos patrones energéticos y planos espirituales de existencia.

Hay muchas clasificaciones simbólicas de los dedos, y una de ellas es la que se adapta a Kuji-In. En cada set de Kuji-In, resumiremos los diferentes rasgos que sean pertinentes para la aplicación de nuestras técnicas, y explicaremos la representación simbólica de la colocación de los dedos en cada mudra.

Haremos un resumen del significado de cada dedo, aislado.

El pulgar es el dedo que representa lo contemplativo, la naturaleza observadora de la conciencia. Está asociado con el elemento "vacío", el quinto elemento. Es conciencia, en forma de presencia. En la mano izquierda, representa la conciencia humana de sí misma. En la mano derecha representa la conciencia del Espíritu así como la presencia del Espíritu.

El índice es el dedo que representa el concepto de afirmación. Es el dedo señalador, expresándose a sí mismo, confirmando su poder. Se asocia al elemento aire, fluyendo. En la mano izquierda es la típica afirmación de nuestra voluntad humana. En la mano derecha es la implicación del Espíritu en la expresión de la fuerza de voluntad.

El dedo medio representa el concepto de proyección, diferente de la afirmación. La proyección es la expresión de lo que llevamos dentro, al mundo exterior. Este dedo está asociado con el elemento fuego, el elemento de la fuerza en acción. En la mano izquierda expresa las acciones y medios humanos. En la mano derecha es el movimiento de experiencias y eventos.

El dedo anular es el dedo de la sensibilidad y adaptación. Se asocia con el elemento agua, fluyendo de acuerdo a fuerzas externas. En la mano derecha es sentimiento y permeabilidad. En la mano derecha es conciencia y resistencia.

El dedo meñique representa el concepto de consolidación. Está asociado con el elemento tierra, basándose en su presencia estable. En la mano izquierda representa la comprensión del conocimiento, y sorprendentemente, basado en la experiencia humana. En la mano derecha representa la integración de la experiencia, la asimilación de la sabiduría.

No es esencial recordar todos estos detalles al leerlos por primera vez. Cada mudra Kuji-In será explicado y la interacción de cada dedo con los otros tendrá mayor sentido, ayudándole a comprender la naturaleza simbólica de cada mudra, más que recordarlo simplemente de corazón.

Igualmente, de las maneras de cruzar y entrelazar los dedos, algunas tradiciones ponen los dedos hacia el interior de la mano y otros los mantienen hacia el exterior. Por ejemplo, en la aplicación de RIN según la Aproximación Transformacional, los dedos entrelazados se mantienen en el exterior de la mano, mientras que en KYO, los dedos entrelazados se mantienen en el interior.

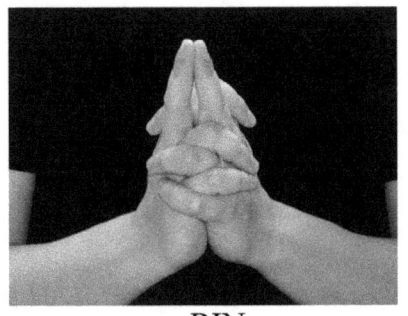 

RIN   KYO

Mantener los dedos entrelazados hacia el exterior desencadena una relación con el mundo exterior, o contribuye a la manifestación, mientras que mantenerlos hacia el interior de la mano enfocará a lo que ocurre en nuestro interior y contribuye a nuestra conciencia. En la aplicación de RIN, queremos desarrollar confianza en uno mismo y fe, afirmando y exteriorizando la experiencia de vida simbolizada por el dedo medio extendido. Igualmente en la aplicación de KYO, queremos ser conscientes de nuestro sentido de la responsabilidad, por lo que mantenemos los dedos tierra y agua hacia el interior de la mano, mientras que el dedo aire se cruza sobre el dedo fuego para juntarse con el dedo vacío. En las próximas páginas se muestran algunas variaciones.

Desde el Sánscrito al Japonés, y viceversa

Los mantras originales budistas usados en Kuji-In estaban en Sánscrito. Los mantras se enseñaban de forma oral durante bastante tiempo, hasta que se escribieron usando el alfabeto sánscrito. En este momento, no se esperaba otra cosa.

Con el tiempo, el budismo viajó desde India a China y de China a Japón. Una vez en Japón, los budistas japoneses escribieron los mantras usando su propio alfabeto. El alfabeto japonés se compone de símbolos llamados "kanji". Cada kanji representa una idea, y se pronuncia con una simple sílaba. Pero esta sílaba kanji no cubre todas las posibilidades de combinaciones entre vocales y consonantes. Por ejemplo, en japonés, la letra R y la letra L son la misma, y se pronuncian como un híbrido entre las dos, como una R rápida seguida de una L silenciosa. En inglés podría escribirse como "rL" aunque no sería lo suficientemente claro para nosotros. De la misma forma, no hay B o V, sino un cruce entre ambas, como una V percusionada, o una B soplada.

Cuando los budistas japoneses quisieron escribir el mantra sánscrito "Om vajramaanatayaa swaha", usaron el kanji japonés más cercano a la pronunciación sánscrita. Para empezar, "Om" se convirtió en "On", dado que la M y la N japonesas son iguales. Luego, "Vajra" se convirtió en "Bai Shira", intercambiando la B y la V, y la J y la Sh, etc. El mantra resultante fue "On bai shira man taya sowaka". Tras cierto tiempo usaron los kanjis japoneses para la pronunciación de los mantras. No significó la pérdida de los mantras, pero sí su modificación.

La parte más importante de Kuji-In es la contemplación de la filosofía tras la práctica ritual. Al usar los mantras repetidamente, de acuerdo al uso tradicional, el cerebro invoca cierta cantidad de energía correspondiente a la implicación del practicante en esta tradición. Así, los monjes, sacerdotes y artistas marciales que han usado los kanji japoneses, no perdieron su tiempo. Sencillamente usaron otro sistema de creencias en su desarrollo personal.

Tras siglos, los mantras se modificaron ligeramente, de un maestro a otro, de acuerdo con su propia experiencia de Kuji-In. Al traducirse de nuevo a sánscrito, usando tan solo el estudio de la pronunciación correspondiente como referencia, puede haber ocurrido otro nivel de modificación. La belleza de todo esto está en que el sentido de la práctica no se alteró, y los mantras sánscritos que usamos hoy, están profundamente relacionados con la práctica completa y la filosofía de cada Kuji-In.

Los mantras japoneses tienden a ser usados en artes marciales y entrenamiento mental, mientras que los sánscritos tienden a ser usados en las prácticas devocionales y espirituales. Los primeros mantras debieron ser la versión japonesa kanji. Son igualmente eficientes y desencadenan los mismos atributos del cerebro cuando se combinan con la contemplación filosófica. Una vez que el buscador ha demostrado cierto nivel de interés en la práctica, más allá de la mera curiosidad, los mantras sánscritos pueden ser revelados y explicados sin temor a la falta de respeto. El crecimiento personal implicado en las enseñanzas avanzadas Kuji-In es un filtro para frenar al estudiante superficial. El entrenamiento mental puede ser suficiente para ellos, no les es útil la sabiduría sagrada.

Algunos dicen que los mantras sánscritos son más poderosos que los mantras japoneses. Podríamos decir que los mantras sánscritos se reservan usualmente para aquellos con fe en un concepto espiritual universal. Aquellos sin este tipo de fe, no deberían molestarse en profundizar en los mantras sánscritos. Si no existe una fuerza universal, tanto Dios como otro concepto, en una mente atea, tan solo contará el efecto psicosomático de los mantras, por lo que los mantras japoneses son más indicados. Sólo aquellos que desarrollan una fe profunda deben pararse en los mantras sánscritos, dado que abren los aspectos espirituales de la práctica

Kuji-In. Comenzar con la pronunciación japonesa kanji no es ninguna pérdida de tiempo, sino una buena preparación. Los mantras sánscritos añadirán profundidad a la práctica. Sin embargo, sin fe, los mantras sánscritos no son útiles. Es por ello por lo que debemos mantener estos mantras sagrados y entregar los eficientes mantras japoneses kanji al público en general.

Más adelante en el libro, cada uno de los nueve mantras estará escrito usando nuestro alfabeto, en la pronunciación japonesa kanji, seguidos de la pronunciación sánscrita y la traducción. Luego se explicará en detalle su relación con diferentes aplicaciones, religiones y tradiciones.

Luz y Diamantes

¿Qué es Vajra?

La luz de la creación, la explosión original de fuerza de voluntad, emitida por la verdad divina absoluta en un deseo de descubrir la vida observándose en la experiencia manifestada, explotó del creador con luz y sonidos puros para crear el universo en sus variadas manifestaciones.

"Vajra" es una palabra sánscrita que engloba este concepto. Representa todo lo que procede de la fuente universal en estado puro de luz, sonido o vibración, o lo que sea. Es un concepto difícil de alcanzar y difícil de adaptar a conceptos tangible, así como el significado que encierra.

Si Vajra se sigue de la sílaba sánscrita "man", puede significar que es más tangible. Así, la palabra sánscrita Vajraman comúnmente significa "diamante" per se, como "luz pura materializada". No necesariamente significa "diamante" en cada frase. A veces, Vajraman puede significar simplemente que la luz de Vajra es tangible, o manifestada.

En sánscrito, cada trabajo puede tener varios significados diferentes dependiendo del contexto. Quizás estemos intentando poner palabras modernas sobre conceptos que sencillamente no existen en nuestro lenguaje, lo que nos lleva a usar palabras cruzadas en sánscrito.

Al leer, y especialmente al traducir sánscrito, cada palabra y cada frase ha de ser contemplada para encontrar la esencia del concepto que llevó a crearla. Este estudio contemplativo ayuda usualmente a nuestra mente a soltar nuestras definiciones mundanas tradicionales y rígidas, dejando más espacio al Espíritu para inspirar nuestra mente.

Vuelve siempre a ti mismo.

Kuji-in tiene por objeto el desarrollo de uno mismo. Aún así, en cada situación relacionada con el desarrollo de la técnica, procure tener presentes los conceptos filosóficos. Antes de proyectar su energía al exterior, tenga conciencia de ella en su interior.

Cuando digamos, más adelante, que la palabra TOH en japonés tiene que ver con "luchar", deberá sintonizar su mente y prestar atención al concepto de luchar, en vez de ponerse en una actitud estado de ánimo de lucha. Esto requerirá ser más fuerte que la necesidad de luchar que pueda tener, y tendrá que permanecer en paz, prestando atención a su interior, a lo que el concepto de "luchar" despierte en su interior.

Para los siguientes conceptos ha de practicar con maestría, descubriendo la esencia de los sentimientos que remuevan en su interior, y siendo consciente de las emociones que desencadenen. Descubra desde el interior y conocerá algo más de sí mismo.

RIN

Conciencia RIN

En el conocimiento inicial y avanzado de Kuji-In, aprendimos que RIN estaba implicado en el concepto de confianza. Aprendimos que debemos trabajar para tener coraje. El coraje nos lleva eventualmente a la confianza, y ésta a la confianza en uno mismo. Con el tiempo, la confianza en uno mismo, dará lugar a la fe, y luego en un concepto espiritual universal como Dios o el Yo Superior.

Cada vez que tenga éxito en algo, céntrese en apreciar este éxito. Esto le ayudará a establecer las bases para que su mente crea que puede tener éxito. Tanto si aplica de forma perseverante estas prácticas de entrenamiento mental como a través de las experiencias de la vida, ganará confianza en sí mismo. Aun así, cuando fracase, o piense que ha fracasado, deberá emplear más energía combatiendo la negatividad y manteniendo alta su moral. Utilice sus fracasos aparentes para construir su determinación a tener éxito en el futuro. Confíe en su habilidad para mejorar.

Técnica RIN

Mudra RIN

El sello RIN requiere entrelazar todos los dedos excepto los dedos medios, el dedo de las experiencias y situaciones. El dedo medio se extiende para tomar contacto con esas experiencias.

 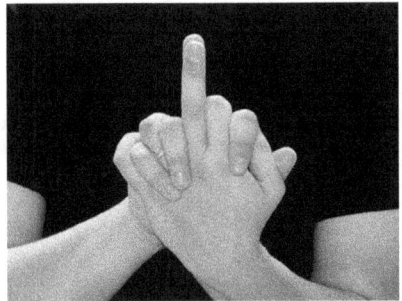

Este mudra junta las manos humana y espiritual, para que lo humano y lo espiritual puedan disfrutar de las experiencias de la vida. Este mudra ayuda a desarrollar conciencia de las experiencias que vivimos, haciendo que sea más sencillo aceptarlas y comprenderlas. Este es el primer paso para tomar conciencia de la esencia creativa que lleva a la manifestación de las experiencias en nuestras vidas. El hecho de saber que hay una fuerza espiritual creando estas experiencias hace más sencillo aceptarlas.

En la Aproximación Transformacional, el mudra RIN mantiene los dedos doblados hacia el exterior de la mano, lo que significa que estamos centrándonos en afirmar la confianza en uno mismo y la fe. Buscamos fomentarlo, no sólo ser conscientes de nuestro nivel actual de fe.

El uso de este mudra nos ayudará a confiar en que todo va bien. Al aceptar, e incluso invitar a nuestro Espíritu a acompañar a nuestro humano en sus retos, hace parecer todo una lección de aprendizaje, más que un castigo. Si creo que no estoy solo, sino acompañado de mi Espíritu, es obvio que todo estará bien, pase lo que pase. Esta es la fe que desarrolla Kuji-In, que no tiene que ver con la fe en un Dios externo. Fe como confianza última tanto como Espíritu como humano. Respire AHORA.

En algunas tradiciones Kuji-In en vez del dedo medio, se extiende el índice. Extender el índice representa la afirmación de poder, como decreto del Yo. Esta versión es utilizada más frecuentemente por artistas marciales y personas que desean una fuerza de voluntad más poderosa. La aproximación transformacional fomenta la experiencia (dedo medio) de RIN al principio, seguida de la afirmación (índice) de RIN sólo tras haber adquirido más experiencia. Experiencia y fe son esenciales para la verdadera expresión del poder.

Mantra RIN

Rin, en japonés, significa encontrar. Tiene que ver con encontrarse con alguien, sin indicación de quién; esto es, nos encontramos con nosotros mismos. Encontrarse a si mismo, implica conocerse observando desde la perspectiva de una "tercera persona". Esta contemplación, en una actitud honesta de auto-aceptación, le llevará inevitablemente a confiar en sí mismo.

Jap. Kanji:	On	bay shira man	taya	sowaka
Sánscrito:	Om	vajraman	taya	swaha
Inglés:	O	thunderbolt	to / who has	glory
Español:	O	relámpago	a aquel con	gloria

Pronunciado: Om vajramaanatayaa Swaha!

Shinto: En esta práctica kuji-in, los budistas Shinto hacen referencia a Amaterasu, una deidad femenina. Amaterasu está descrita como la diosa de la que emana toda Luz, y frecuentemente como la diosa del sol por su calidez y compasión por las personas que la veneran, una interpretación de "luz" o "calor" como pasión o pureza. Emite relámpagos al interior del cuerpo para dar fuerza de vida. Es como la luz de la creación.

Budistas: Los budistas rezan a Bishamonten, Guardián del Norte, y así, de las cosas materiales. Desde el punto de vista tradicional del budismo japonés, desde el tiempo de los samuráis y grandes guerreros, se dice que es el Dios de la Guerra y los guerreros. Bishamonten usa una armadura simbolizando la concha física sobre el verdadero ser. Sostiene una lanza en la mano, símbolo del Espíritu que penetra el mundo físico, y una pagoda en la otra mano, como un templo donde reside la sabiduría, otro símbolo de nuestro cuerpo físico.

Hindú: La mayoría de los procesos Kuji-In invocan al Indra, el dios hindú, el único Rey de los cielos, señor de los relámpagos. La palabra swaha puede traducirse como gloria, honor o saludos, pero se usa como posternación, como ofrecimiento de sacrificio. Así, este mantra es también un juramento de sacrifico ofrecido al Dios Rey de los Cielos, Indra, conocido como el que sostiene los relámpagos. Los hindús tienden a interpretar cada palabra con cada posible significado de acuerdo a su estructura religiosa, por lo que algunas palabras sánscritas se convierten en frases largas que transmiten todos los significados a la vez. Este mantra sánscrito puede significar, en términos hindús: Om (Palabra Sagrada), te ofrezco en sacrificio por el nombre de Dios, que porta Vajra en sus manos i.e. Señor Indra.

Aproximación Transformacional: Contemplamos la poderosa fuerza de la creación. Contemplamos la luz que procede del cielo para dar vida y movimiento a la tierra. Esta luz es tanto femenina como masculina. Aquí, celebramos la venida del Espíritu al cuerpo humano.

En nuestra tradición, Om vajramaanatayaa Swaha!
Significa: O, Señor de la Luz Divina, Gloria

Recuerde que ésta es solo una traducción interpretada, dado que las palabras sánscritas están unidas a varios significados posibles. Aquí, hemos traducido *vajraman* como luz tangible. Usamos la palabra sánscrita swaha para proclamar la Gloria de Dios (o el concepto universal de nuestra elección), y para rendir honores.

Se puede simbolizar la vida entrando en el cuerpo como un relámpago restallando sobre una piedra, como una chipa celestial desencadenando el mecanismo de la vida en un huésped físico. En términos más suaves, podemos imaginar un rayo de luz que calienta la tierra y progresivamente pone en marcha la vida. Este nacimiento del Espíritu en el cuerpo humano procede de una energía femenina, como cualquier tipo de nacimiento. Es lo suficientemente poderoso para crear movimiento donde no había ninguno. No ha de ser tan violento como un relámpago centelleante, pero la simbología sigue siendo igual de poderosa.

Si miramos los diccionarios de sánscrito, *vajraman* significa diamante, pero hemos de analizar las partículas una a una. La palabra *vajraman* es un símbolo de la luz pura del *vajra*, compuesta físicamente por la sílaba *man*, que es el nombre aplicado al diamante.

El *vajra* es esta luz celestial maravillosa que toma varias formas dependiendo de lo que la rodee. Seguido de la sílaba *man* para hacerlo físico, y de la palabra *taya* para hacerlo femenino, es la luz de la creación de la Madre Divina. Con esta oración, invocamos la luz que nos hace estar vivos, que permanece como fuente de vida humana. No imagine que una luz femenina es débil. Una madre dando a luz es muy poderosa.

Al comenzar a entrar la vida, como Espíritu en el cuerpo humano, vivimos sin ningún tipo de juicio, sin miedo, vacilación o duda. Nuestro condicionamiento humano progresivo, mayormente procedente de experiencias no placenteras durante la infancia, nos ha hecho ser más cuidadosos para no ser dañados, y tener miedo y dudas. De adultos, creemos que hemos vencido la mayoría de los miedos, pero no es verdad. Hay miedos que no admitiríamos ni a nosotros mismos de lo profundas que son sus raíces en nuestra memoria subconsciente.

No hablamos de infancias difíciles. Incluso en infancias felices, un niño puede golpearse la cabeza y no gustarle, y reaccionar con enfado contra el dolor o con culpa hacia la falta de agilidad, bloqueando parte del subconsciente con odio hacia sí mismo por no ser perfectamente estable. Puede haber cientos de razones por las que nos definimos con poca confianza en nosotros mismos incluso en nuestras primeras experiencias de vida. Ahora puede imaginar los resultados de una infancia difícil añadido a esto.

El objetivo de la técnica RIN es redefinir el concepto de confianza y aplicarlo a nosotros mismos, y desde ahí crecer para tener fe en la vida. Cuando el concepto de fe se aleja de las enseñanzas dogmáticas religiosas, es una forma más elevada de confianza en uno mismo, sabiendo que desde el punto de vista del Espíritu, todo irá bien.

A pesar que su cuerpo humano puede ser dañado, y sus experiencias humanas pueden ser dolorosas a veces, su Espíritu no se ve afectado. Experimentar la existencia humana como observador tanto como participante, hace que permanezca más allá del alcance del posible daño. RIN es la conciencia de la memoria espiritual, y tiene un alcance máximo al progresar hacia la técnica RETSU, donde incluso recuerda la existencia inmortal y eternal de su Espíritu. Desde aquí, todo lo que experimente será visto desde una perspectiva más amplia.

KYO

Conciencia KYO

Hacerse responsable de su vida no significa tener control sobre su vida. El control conlleva un sentido de presión sobre los eventos evitando que ocurran de manera diferente a la que usted había planeado. La maestría en uno mismo implica soltar el control y permanecer en estado de fe en relación a lo que ocurre en la vida, usando conscientemente todas las herramientas disponibles para que todo se manifieste de manera que sirva a su propio objetivo.

El control es un estado de la mente donde usted se presiona a sí mismo y a otros en relación a expectativas predefinidas. Las expectativas llevarán de manera natural a la decepción en el momento en el que pierda el control. El control implica también luchar contra todo aquello que no coincida con sus expectativas. Esta presión y resistencia consume mucha energía. El control es todo lo opuesto a soltar. El control es una manera temporal y desesperada del ego humano para simular un estado de éxito.
Pero es costoso, incluyendo la fuerza de vida y la tensión emocional. Así, el autocontrol, por ejemplo en un estado de ira, es una manera de restringir la presión. Implica luchar contra uno mismo y emplear mucha energía en un proceso consistente en

retener al animal humano que quiere salir. El autocontrol no es lo mismo que la maestría. En primer lugar, la maestría no implicaría ninguna presión para luchar.

La maestría es una manera de actuar desde el punto de vista de la conciencia. Es la conciencia de las fuerzas operando, y una influencia sobre su dirección. Maestría no es luchar contra una fuerza, sí la conciencia de esa fuerza, desenrollándose. La maestría relaja la presión en vez de luchar contra ella. De nuevo, con el ejemplo del enfado, la maestría comenzaría con un contacto consciente con la reacción, relajándola con una herramienta como la compasión, tolerancia y responsabilidad. Una persona en estado de maestría no lucha contra la presión emocional, pero sí la libera con conciencia, usando herramientas como el perdón o la transmutación emocional. La energía emocional vuelve así a estar disponible, regenerándose en vez de ir disminuyendo su fuerza.

Cuando un maestro afronta una fuerza que no comprende, debe prestarle atención, contemplarla, saborearla, descubrir todo lo que pueda sobre ella, en un estado de contemplación consciente, observando tanto desde el punto de vista humano como espiritual. La maestría implica ser consciente de las fuerzas en acción, especialmente de las fuerzas de la naturaleza humana. Sólo al desentrañar los secretos de la naturaleza humana, se harán las fuerzas espirituales lo suficientemente claras y accesibles a la mente humana. Hasta entonces, es nuestra responsabilidad usar herramientas accesibles para ser más conscientes de nosotros mismos.

La responsabilidad comienza cuando comprendemos la diferencia entre control y maestría. Ser responsable es aceptar que tenemos la capacidad de hacer nuestras vidas mejores, mejorando nosotros en primera instancia. Ser responsables no es únicamente asumir las consecuencias de una situación. Asumir la responsabilidad implica la comprensión de las fuerzas en acción que llevan a las situaciones que manifestamos en nuestras vidas, para que podamos ser conscientes de cómo cada evento específico manifestado es resultado de las fuerzas naturales y espirituales envueltas en una serie de acciones y reacciones.

Por el momento, este concepto parece muy complicado, solo porque estamos interpretando el concepto de maestría con nuestra mente. La mente sólo puede percibir partes de la ecuación al mismo tiempo, pero la conciencia da un paso atrás para observar la obra completa, únicamente para descubrir que la mente humana estaba contemplando un área limitada de la pintura. La conciencia no requiere una interpretación intelectual. Al prestar atención y a las fuerzas que nos rodean, nos hacemos conscientes del proceso completo de un solo vistazo, y todo comienza a parecer sencillo. Por ejemplo, no es necesario comprender y controlar intelectualmente todos los procesos fisiológicos que ocurren en nuestro cuerpo al bailar (tensión arterial, estimulación nerviosa muscular, las matemáticas de la coordinación, equilibrar información procedente del oído interno,...) Sólo tenemos que bailar y se nos revelará la belleza que ello contiene.

En principio, la maestría se alcanza soltando los límites de nuestras herramientas de percepción. Consiste en aceptar toda la información revelada al prestar atención. La conciencia de nosotros mismos crece y se expande al aceptar lo que percibimos de nosotros mismos. Desde ese punto, la conciencia penetra de forma natural en las fuerzas de las que nos hacemos conscientes, ofreciéndonos la manera de influir sobre ellas.

Sin extendernos mucho en el tema, podemos resumir "karma" como una lección manifestada en su vida para que aprenda acerca de sí mismo a través de la experiencia. Le ayudará a comprender diferentes lecciones de vida el hecho de experimentar emociones y sensaciones de todo tipo. El karma no es consecuencia de una lección voluntaria desde el punto de vista del Espíritu.

La consecuencia es el resultado de una acción previa. Frecuentemente se asocia a culpa en el proceso de pensamiento "ocurrió por mi causa, así que soy culpable". Ser responsable significa que usted asume las consecuencias de una acción, no que es usted culpable. La culpa es el resultado de no aceptar nuestra responsabilidad moral, o de luchar contra la responsabilidad de forma sutil. La culpa tiene lugar al emitir un juicio prefiriendo no admitir la verdad en relación a una determinada situación.

Tire piedras al estanque y observe cómo se comportan las ondas. Las piedras no experimentan culpa. Son responsables de las ondas, también lo es el agua. Si estudia el fenómeno natural de acción y reacción, comprenderá mejor los conceptos sutiles de la responsabilidad.

A nuestro ego humano le gusta ponerse bajo la presión de la culpa, jugando a ser la víctima, especialmente si este papel conlleva atraer la atención sobre él. Admitir la verdad fuera del contexto del juego victimizador, le liberará de la emoción de la culpa. Tómese el tiempo de respirar y penetrar en la emociones; le ayudará a ser consciente de ellas.

Para ser el maestro de su vida, debe soltar el control, aceptando de manera responsable todo aquello que le ocurre, tomando las riendas y actuando de manera que produzca aquellos resultados que quiere manifestar. Acepte la enfermedad cuando le golpee, y haga lo que pueda para prevenirla. Acepte el dolor cuando ocurra, y haga lo que pueda para resolverlo de forma responsable.

Desarrollará también el poder de manifestar lo que desee tras tomar el control de sus deseos, aceptando sutilmente que usted es parte de todo lo que experimenta, y que todo se manifiesta en su vida de alguna manera porque lo ha deseado bien desde un punto de vista humano o bien espiritual. Cuando se mantenga una situación humanamente dolorosa, incluso si conscientemente no la desea en absoluto, existen procesos mentales inconscientes que permiten que dicha situación se perpetúe. Cuanto más consciente sea de los mecanismos de defensa del ego y de sus locuras ocultas, mejor maestro será de aquello que manifieste.

Desde cierto punto de vista, su ego humano no tiene inconveniente en mantener el dolor, si sirve para captar atención y alimentar la fantasía de su vida falsa. Desde otro punto de vista, su Espíritu respetará su elección de las lecciones. Su Espíritu no ve dolor donde usted percibe dolor; solo ve experiencia. Es usted, en medio de todo, el que tiene que hacerse cargo (de nuevo, sin tomar el control) y convertirse en el maestro de aquello que manifiesta. Con el tiempo, recordará donde situarse en su propia experiencia.

Recordará que es su ego humano, que es su Espíritu, y que puede elegir su punto de vista en cada situación.

Técnica KYO

Mudra KYO

El mudra KYO pone hacia fuera los dedos medios de la experiencia, en contacto con los pulgares contempladores de la conciencia, para que la experiencia sea percibida globalmente e integrada como conciencia de experiencias de vida. Los dedos de la experiencia envuelven a los índices de la afirmación, para iluminar y dirigir las afirmaciones con sabiduría. Por lo tanto, este mudra le ayuda a ser consciente de lo que manifiesta al hacer una afirmación, y le ayuda a tener maestría sobre su vida asistiendo sus afirmaciones con la sabiduría de las experiencias integradas.

 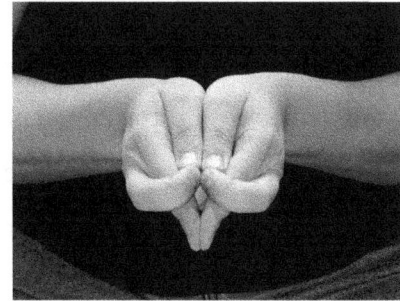

En algunas tradiciones, especialmente a causa de su dificultad, los dedos medios no se doblan lo suficiente para tocar las puntas de los pulgares. No es dramático, dado que apoya el proceso de afirmación con la experiencia de vida. Hacer el mudra de esta manera, no apoya para obtener experiencias más rápidamente.

Mantenemos el anular y meñique hacia el interior de la mano, lo que significa que nos centramos en ser conscientes del concepto de responsabilidad. Deseamos desarrollar la conciencia de hacernos cargo, y para que esto ocurra hemos de ser capaces de percibir estas energías de acción / reacción, desde nuestro interior. En otras tradiciones, se mantienen estos 2 dedos hacia el exterior, lo que expresa que usted está al cargo. Esta herramienta puede ser útil para impresionar a alguien o defenderse, pero no le hace más responsable a no ser que aprenda desde la contemplación interna.

Desde un punto de vista elemental, la experiencia de la vida desarrollada en RIN, está envuelta alrededor del aire que se mueve, soplando hacia nuestra conciencia espiritual. El índice/aire emite energía activa, como una acción, y la reacción es el dedo medio/fuego que retorna para ser absorbido en el pulgar/espíritu.

Mantra KYO

Kyo o Pyo significa *estrategia* o *tropas*. Observado desde fuera, el concepto de tropas tiene poco sentido en relación con la práctica kuji-in. Si lo observamos desde el interior, la estrategia es lo que debemos operar para manifestar lo que deseamos, y las tropas son las herramientas disponibles. Hace referencia a la organización de nuestras acciones para alcanzar el resultado deseado.

On	isha	naya	in tara	ya	sowaka
Om	isha	naya	yantra	ya	swaha
O	vigorous	behavior	instrument		the one glory
Oh	vigoroso	instrumento de comportamiento		única gloria

Pronunciado: Om ishaanayaa yantrayaa Swaha!

La religión Shinto hace referencia a Hachiman, un Dios de la Guerra que ofrece su gracia y abundancia a pescadores y agricultores. Hachiman fue Dios de la Guerra en tiempos de samurai, cuando era necesario luchar y proteger para obtener y mantener riquezas. Y entonces, ¿su relación con pescadores y agricultores? Hachiman nos explica cómo actuar para alcanzar lo que buscamos con acciones adecuadas y determinadas. Como ya no es necesario luchar físicamente, Hachiman es un modelo de determinación y disciplina.

Los budistas rezan a Juichimen, con mil brazos y once cabezas. Las once cabezas simbolizan las distintas maneras en que se manifiesta su poder, y los mil brazos representan las distintas acciones para alcanzar un objetivo. La estatua de Juichimen en el templo Sanjusangen-do tiene 40 brazos, y se dice que cada uno de ellos salva 25 mundos, haciendo un total de 1000 mundos.

Los hindús pueden traducir el mantra como: Om (Palabra Sagrada), Yo ofrezco sacrificio en nombre de las armas de Dios. Hacen referencia al instrumento como a un arma.

En nuestra tradición, Om ishaanayaa yantrayaa Swaha!
Significa: Oh, Maestría con el Instrumento, Gloria Divina

Consideramos nuestro comportamiento firme y correcto como maestría, es el instrumento que usamos para ser responsables. Presentamos nuestros respetos a lo Divino, o Dios, siempre presente en Om.

Practique este mantra manteniendo en su mente que usted es responsable de todo aquello que le ocurra, desde el punto de vista del Espíritu, como lecciones y retos, también como bendiciones y buena fortuna. Tras reconocer este fenómeno de creación y liberarse de la emoción de la culpa, comenzará a desarrollar su poder de manifestación. Al percibir el concepto de manifestación desde el punto de vista del Espíritu, permitirá a su mente consciente aceptar este poder como una verdad, integrándolo en su experiencia humana consciente.

Déle tiempo a su mente humana para cambiar, para transmutarse en una herramienta de conciencia elevada. Con el tiempo, paciencia, fe en su yo espiritual y determinación, permitirá que mayores niveles de energía creativa penetren en su vida humana. Cuando esta energía entra en su mente consciente, tomará el sabor y el tinte de sus pensamientos. La energía creativa del Espíritu seguirá su curso a través de su cuerpo, emanando hacia su vida, para manifestar eventos que correspondan con sus pensamientos. En adelante, si alguna vez tiene mala suerte, cuestiónese si ha tenido su mente clara últimamente. Descubrirá que tiene mayor responsabilidad en lo que manifiesta que previamente. Incluso con estos eventos desafortunados, este proceso creativo es una bendición, dado que condiciona su mente a aceptar que manifiesta lo que piensa.

Entrene su mente para ser feliz. Entrene su mente para ser sencillo. Crea en las cosas y eventos beneficiosos. Tenga fe en que todo irá bien. Dese tiempo para alcanzar este punto de claridad y felicidad.
No se desespere y confíe en que todo será siempre mejor.

TOH

Conciencia TOH

Todos tenemos un lugar en nuestro interior donde luchamos contra nosotros mismos. Ponemos resistencias a cambiar, esas opiniones que mantenemos con cariño, esas reacciones protectoras que mantenemos con toda nuestra fuerza de voluntad convencidos que son protecciones legítimas. Nuestro ego humano actúa desde el punto de vista que está en posesión de la verdad, y que éste es el aspecto más importante de la ecuación de vida. Por ello, luchamos por mantener nuestros miedos, nuestra culpa, nuestra tristeza en el interior, como tesoros custodiados.

Son luchas con nosotros mismos, que consumen la mayor parte de la energía de nuestra vida. No podemos resolver un conflicto si no somos conscientes de él. Al ser conscientes de nuestras luchas internas, permitimos que estas tensiones y energía bloqueados se liberen, haciendo que el proceso sea más sencillo. Una vez que permitimos existir a una batalla interna, ésta se expresa a sí misma y podemos actuar para transformar la situación en algo positivo. A veces la rabia tan solo quiere ser escuchada, y encontrará paz con la satisfacción de tener la atracción que desea. Estas batallas internas se originan en nuestro ego humano y frecuentemente, prestarles atención es parte de la solución. Aunque encontraremos dificultad en prestar atención, a aquello que no reconocemos.

Mientras que un papel del ego consiste en atraer atención, otro es entretener la fantasía de sí mismo. Como ego humano, nos mentimos, no permitiendo que la verdad de lo que sentimos aflore a la conciencia. Este es el ejercicio a lo largo del proceso de la técnica TOH. Es un proceso de reconocimiento de la verdad, seguido de la disolución de las batallas interiores.

Al terminar de liberar la presión de la mayoría de nuestras luchas íntimas, nuestro sistema de energía es libre y puede funcionar con mayor eficiencia. No se engañe; tanto reyes, como mendigos y santos tienen estas luchas internas, incluso a un nivel muy sutil. Estamos libres de cualquier lucha interna sólo al conquistar por completo nuestro ego humano.

Técnica TOH

Mudra TOH

El mudra TOH es el mudra más pasivo y contemplativo de todos los Kuji-In. Con el pulgar perceptivo de la conciencia, el anular sensible y el meñique estabilizador, este mudra nos ayuda a percibir lo que ocurre, mientras nuestro índice afirmativo y el dedo medio experimental se centran en el interior. Si existe afirmación, tiene lugar en el interior. Si se experimenta un sentimiento, se experimenta en el interior.

 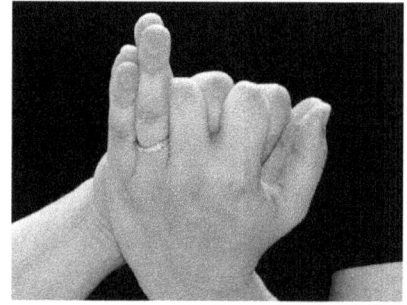

Mantenemos el dedo aire y Fuego en el interior, para ser conscientes del movimiento de energías desencadenado por la consciencia, los dedos sensibles y estabilizadores buscando la armonía. Si mantenemos los índices y dedos medios hacia el exterior de la mano, se trataría de imponer paz en vez de ser consciente de ella, aunque seguiría siendo el mudra de la paz y armonía.

En algunas tradiciones, este mudra es llamado el león externo, y se ha intentado en muchas ocasiones explicar por qué se la llama externo si está relacionado con la paz interior. La razón es simple. Este mudra se llama el "león externo" debido a la tradición Shinto, donde se entrelazan los índices y dedos medios para expresar la armonía de la fuerza, un rasgo típico de los mudras de las artes marciales. Al hacer el mudra de esta forma, se parece a un león mirando al exterior, percibido desde otro punto de vista. Se inserta los índices en el hueco entre los dedos anular y medios, luego se doblan los dedos medios sobre los índices.

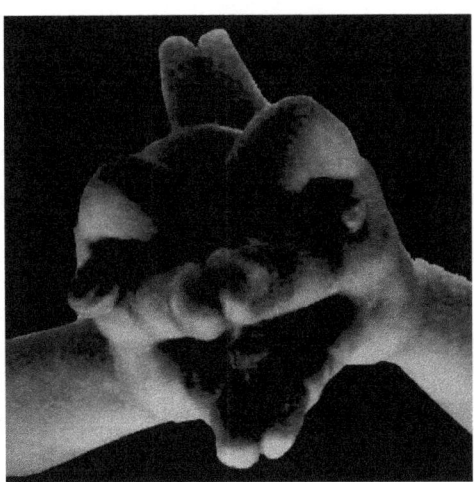

Mantra TOH

Toh significa *luchar*. Al confrontar situaciones difíciles hacemos una lucha externa. Pero en el concepto de lucha interior, descubrimos que la lucha es contra nosotros mismos, impidiéndonos alcanzar paz y armonía. Este concepto se refiere a los contactos que tenemos con otras personas, así como con nosotros mismos. Para encontrar la paz, hemos de comprender nuestras luchas personales.

On	je te	ra shi	itara	ji ba	ra ta no-o	sowaka
Om	jit	rashi	yatra	jiva	ratna	swaha
O	conquering	zodiac	place	life	treasure	glory
Oh	conquistar	zodiaco	lugar	vida	tesoro	gloria

Pronunciado: Om Jitraashi yatra jivaratna Swaha!

El dios Shinto Kasuga, una deidad amable, es un mensajero entre nuestra mente humana y nuestro mundo espiritual interno. El zodiaco como influencias sobre nuestro carácter y personalidad, se compara con las influencias más bajas sobre nuestra vida. Muchas cosas diferentes influencian nuestras decisiones y acciones. Estas influencias provienen de otros y de nosotros mismos. Al conquistar estas influencias sutiles, nos regocijamos con la nueva vida.

Los budistas rezan a Nyorin Kannon, un bodhisattva que completa cada deseo, haciendo la vida maravillosa. Se le presenta sentado, meditando, y el brazo más interno de sus seis brazos sosteniendo una joya de felicidad y sabiduría que garantiza los deseos del que reza con devoción.

Tanto desde el punto de vista budista como hindú, el zodiaco también nos representa en el ciclo de la reencarnación. El zodiaco es el camino que transitamos con nuestro ego humano, para descubrir lo verdaderos que somos en cada aspecto posible. Una vez liberados del control de nuestro ego humano, nuestra percepción cambia y todo se vuelve maravilloso. Los hindús pueden traducir este mantra como: Om (Palabra Sagrada), ofrezco sacrificio en el nombre de los signos del zodíaco/Rashis con sus correspondientes piedras/ratnas, etc.

En nuestra tradición, Om Jitraashi yatra jivaratna Swaha!
Significa : Oh, conquistar el zodíaco, viaje hacia los tesoros de la vida, Gloria

Preste atención a su lucha interna. Sea consciente de ella para disolverla con el reconocimiento consciente. Respira profundamente y relájese desde el origen de su enfado. No pierda la esperanza, la fe y la fuerza de voluntad en este proceso.

Mantenga elevada su energía. Esta rabia animal, este enfado, es un aspecto legítimo de nuestra experiencia humana y no debe ser juzgado. Debe ser simplemente liberado del control del ego.

Practique tener una "rabia feliz", con gritando "WWWRrRrrrraaaaaAAAAAAH!" mientras sonríe. Descubra el poder de la rabia animal humana, en actitud de tener éxito, sin la actitud de dominación sobre otros. Traiga su rabia animal y benefíciese de ella. No la proyecte sobre otros, pero úsela cuando necesite fuerza de voluntad. Desde el punto de vista del Espíritu, el enfado y la alegría son la misma energía con diferentes polaridades. El enfado presiona hacia el exterior, también la alegría. Reprimir cualquiera de ellas, dificultará su habilidad para desarrollar fuerza de voluntad, mientras que aceptarlas le liberará de la presión de la lucha interna.

Recuerde que cada vez que exprese enfado en un estado de lucha, o conflicto, está perdiendo en favor de su ego humano. Tampoco debe presionarse para restringir el enfado interior. Así, sabrá sobre qué aspecto de sí mismo ha de trabajar. Expresar su enfado en frente de otro es una falta de maestría. Puede mantener la presión hasta que esté solo para procesarla. Pero no se olvide de ella y no la deje en el interior, o dejará cosas pendientes. ¡Ah! ¡Hay tanto que hacer! Sí, sea paciente, determinado y crecerá progresivamente en su camino. Eventualmente, encontrará la paz en cada situación.

Emociones humanas, Ego humano

El ego humano tiende a apreciar aquello que ha construido para sí mismo a lo largo de los años. Al manipular nuestras construcciones internas, nuestro ego prefiere la estabilidad y comodidad conocidas, limitando sus posibilidades de expansión.

Llegados a este punto, probablemente usted ha entendido la importancia de la técnica de Transmutación Emocional explicada en el libro "Avanzado". Es vital para permitir ser consciente de las fuentes emocionales de cada conflicto interno. El reto es ser consciente de su verdad interior sin ser molestado por su ego humano, que a veces colaborará con el proceso y otras veces luchará contra él.

Combine su transmutación emocional con el reconocimiento del ego humano en sus comportamientos manipuladores. Preste atención a sus reacciones defensivas naturales que le impiden ser consciente de lo verdaderamente es. Al principio, será difícil discernir estas conductas. Con más experiencia, se hará más ágil y eficiente reconociéndose a sí mismo, y aceptando lo que es.

SHA

Conciencia SHA

Al obtener la maestría sobre su enfado, dispondrá de mayor poder cuando lo necesite. SHA es un lugar de poder, más específicamente, de fuerza de voluntad. Es la expresión del poder a un nivel donde el yo humano lo experimenta claramente.

Desde el plexo solar, circula su energía, no sólo en el interior del cuerpo, sino también en el exterior. Es el lugar donde giran las ruedas interiores, haciendo que las exteriores giren también. Con SHA, el plexo solar maneja los movimientos posteriores. Esto puede provocar una rectificación o generar destrucción. Cualquiera que sea su opción, será poderosa. Es un lugar donde ha de ser cuidadoso para no dañarse a sí mismo o a otros.

De cualquier manera, no se quedará sin herramientas. Con el conocimiento y sabiduría aplicados a la transmutación emocional, y la voluntad de reconocer su ego humano en acción, está motivado para confiar en sí mismo y seguir el camino del desarrollo de su poder interior. Dicho esto, definamos la primera ilusión de poder.

Al aproximarnos al concepto de poder, nuestro ego humano salta a escena gritando "¡Esta es mi área! ¡Sé cómo funciona!"… y usualmente, estamos de acuerdo. Es el primer error que cometemos. Cada vez que mencionamos "poder", creemos que es una fuerza o tensión muscular, acompañada por la estimulación de emisiones hormonales, que proporcionan la sensación de ser poderosos. Es una máscara fomentada por el ego humano, para probarle que usted es poderoso desde el punto de vista animal. De hecho, este poder hormonal y muscular es un espectáculo que ponen en marcha los animales para probarse delante de otros más inferiores. Este comportamiento natural frecuentemente lleva a contraer las nalgas, la cintura y los músculos abdominales de manera subconsciente, restringiendo la libre circulación de su verdadero poder. Para alcanzar un estado de poder, debemos liberar primero esta tensión biológica que asociamos al concepto de poder. La clave es sencilla, puede que ya la haya adivinado: preste atención.

Preste atención a las reacciones biológicas, emocionales y mentales que surgen al contemplar el concepto de "poder". Antes de desarrollar verdadero poder, debe ser consciente de estas conductas reactivas resultantes del sistema automático de defensa. Estos sistemas defensivos son útiles durante un tiempo, pero ahora representan un obstáculo para nuestro desarrollo. Procesando estas reacciones nos conoceremos todavía mejor, y comenzaremos a disponer de una gran fuente de poder para nuestras experiencias futuras. Ahora tómese un momento para contemplar la sabiduría y aplique la técnica, para que pueda ser consciente de cómo reacciona al poder.

Una vez consciente de su manera humana de tratar con el poder, desde el punto de vista de la fantasía del poder personal, puede continuar yendo hacia el verdadero poder que reside en su interior y su alrededor. El primer paso es soltar el poder. Permítase tomar conciencia del poder universal, espiritual y personal como una única fuerza, unificada y fluyendo en libertad. Trate de sentirlo sin esfuerzo. El esfuerzo representa un intento del ego para atraer atención de nuevo.

Respire y sienta. Déjese invadir por el sentimiento de fuerza mientras que todos sus músculos están relajados. Deje que el poder del universo le alcance, invadiendo cada uno de sus poros. El Poder del universo es un poder que dejamos fluir a través de nosotros, nos volvemos parte de él. Usted no controla el poder. Puede hacerse uno con él, en conciencia, y luego influenciarlo con su voluntad, sin arrogancia.

Es un reflejo natural del ego humano saltar de su caja con afirmaciones silenciosas como "Yo soy más fuerte que…" o "Soy más poderoso que…". Cada vez que note alguna forma de conducta pretenciosa, es la arrogancia de su ego humano. Sea consciente de este rasgo de personalidad y relájelo.

No controlamos el poder del universo, el Espíritu y lo humano. Simplemente nos montamos en él. Fluya con el poder del universo, sea consciente de su existencia en su cuerpo. Tenga conciencia de la energía que rodea y penetra todas las cosas, esta vida, esta gran fuerza que mueve planetas y granos de arena. Es la energía que pone en marcha a las células de su cuerpo, el poder que viaja como la luz o se para en perfecta inmovilidad, permaneciendo vivo. No tenemos el poder, no lo mantenemos ni lo poseemos. Nos convertimos en él.

Técnica SHA

Mudra SHA

En el mudra SHA extendemos el índice como afirmación de poder, también el meñique para traer su energía a tierra. Combinado con el pulgar, este mudra nos ayuda a ser conscientes del poder, tanto humano como espiritual, en nuestro mundo perceptible. Extendiendo el pulgar, índice y el meñique, deseamos traer a tierra la afirmación de nuestro espíritu. Permaneceremos contemplando el concepto para que nos invada, mientras mantenemos el dedo medio y anular hacia el interior de la mano.

Este mudra se conoce también como león interior, por las mismas razones que el mudra TOH se le conoce como el león exterior. Al poner las puntas de los dedos anulares entre los medios e índices y doblar los dedos medios sobre los anulares, dan lugar a la imagen de un león que ira hacia dentro. Si orienta el mudra hacia arriba y lo mira desde arriba, notará que los pulgares e índices forman la boca, los anulares los ojos y los meñiques las orejas. Este mudra puede ser útil para forzar su lado emocional sensible a la afirmación de poder. De nuevo, esta aplicación es útil para condicionarse, pero no desarrolla demasiado la conciencia actual de su poder interno.

Mantra SHA

SHA significa persona en japonés. Obviamente, si usted sigue el camino de la auto transformación, esta persona no es sino usted. Con el Kanji RIN, se encontró consigo mismo. Ahora, con SHA, se convierte en la persona que encontró. De hecho, se permite recordar que es usted mismo, desde un punto de vista espiritual, afirmado en su existencia humana. Centrándose en el concepto de su identidad, afirma su derecho a existir y actuar con poder. Es esta acción, el poder se le revela mientras se mueve en su existencia en forma de ser espiritual.

Jap. Knj: On	haya	bai shira man	taya	sowaka
Sánsc.: Om	haya	vajraman	taya	swaha
Inglés: O	ride	thunderbolt	to / who has	glory
Español: Oh	cabalga	el relámpago	a quien tiene	gloria
Pronunciado:	Om haya vajramaantayaa Swaha!			

Los Shinto hacen referencia al Dios Kamo Daimyojin, un dios del trueno, conocido como un ser lujoso, celebrado habitualmente con una carrera de caballos. Los budistas hacen referencia a Fudo Myo, la Luz Inmóvil, o la Sabiduría Estática, un símbolo de poder, dado que Fudo Myo es un guerrero poderoso.

En este mantra, la palabra sánscrita *haya* significa *caballo,* en el sentido de ser cabalgado. El mantra sánscrito SHA es igual que el mantra RIN, con la excepción que lo que cabalgamos es el poder, en vez de invocarlo.

Podemos ver la relación estrecha entre Amateratsu (diosa Shinto de la técnica RIN), la Diosa Relámpago y el Dios trueno Kamo Dimyojin, pero también con los budistas Fudo Myo, el Señor de la

Luz Estática. Inmóviles, le invocamos cabalgando un caballo, lo que sugiere nuestro inmovilidad interior sentada en una movilidad libre y fluida exterior. Todos estos Dioses y Señores son la representación del gran poder del universo que condensa y fluye a través de nuestra experiencia humana para que recordemos que somos uno con dicho poder. No se requiere usar la fuerza para sentir este poder, simplemente permitirnos vibrar en él de manera consciente. Estimula la sensación de poder, aunque no desde un punto de vista del ego humano. Si contrae en excesos sus músculos al sentir como le invade, no está soltándose lo suficiente.

En nuestra tradición, Om haya vajramaantayaa Swaha!
Significa: Oh, Cabalgando el Relámpago Divino, Gloria

Este mantra se dice en actitud de soltar, fomentando el poder interior. Al relajar cada músculo, nos centramos en un poder pacífico aunque poderoso. Está por todas partes, en movimiento, esta fuerza parecería que nos lleva a la fuerza, sino le permitiéramos fluir desde el interior. Cabalgamos el poder del universo, y lo influenciamos con nuestros pensamientos y deseos. La "Gloria" mencionada apunta a una luz creadora y gloriosa, no alimenta un sentimiento egoísta de Gloria.

A lo largo de este proceso, no intentamos ninguna manera específica de manifestación. Desarrolle una relación con esta fuerza universal. Más adelante, aprenderemos más acerca del poder de manifestar, por ahora, nos concentramos en desarrollar las herramientas que usaremos para influenciar el proceso de manifestación, o provocarlo. Hasta entonces, báñese en esta feliz espiral de energía.

Sanación y Rectificación

Desde el punto de vista del Espíritu, sólo existe perfección en la experiencia de la vida. Esta perfección fluye de un plano a otro hasta un plano humano de existencia. La luz de la perfección fluye hacia el alma, luego los múltiples niveles de conciencia, la mente, el cuerpo emocional, el cuerpo etéreo, luego al cuerpo físico. Al pasar a través de nuestra mente, se tiñe de nuestros pensamientos. Al pasar a través del cuerpo emocional, con nuestras emociones. Lo mismo ocurre con el cuerpo etéreo, será más débil si somos perezosos o temerosos; si carecemos de fuerza de voluntad. Entonces la luz se manifiesta en nuestro cuerpo, tomando forma al fluir en nuestra realidad perceptible. Para que esta luz de creación fluya libremente desde el Espíritu al cuerpo humano, cada plano de existencia ha de permitirle el paso. Cuanto más diáfano es el camino desde el Espíritu al cuerpo, más rápida será la manifestación de los pensamientos y las emociones. Este proceso es la mayor causa de nuestra mala suerte, y la razón por la que somos responsables de lo que manifestamos, tanto si somos conscientes como si no; tanto si nos gusta como si no. Nuestra actitud mental y emocional es cada vez más crucial según desarrollamos lo que pensamos y sentimos en nuestras vidas.

Aún así, este mecanismo de manifestación maravilloso es también el proceso a través del cual nos podemos sanar, a nosotros mismo y a otros. Nos disponemos a manifestar lo que deseamos conscientemente, al rectificar nuestra actitud ante la vida, al orientar nuestra mente positivamente, y nuestras emociones libres de presión y enjuiciamiento. Alcanzamos la habilidad de manifestar, visualizando, deseando emocionalmente y amplificando con fuerza de voluntad.

La práctica progresiva de SHA desarrolla nuestra habilidad para fluir con esta luz creativa. Libera el deseo de nuestro ego de controlarlo todo, dejando más espacio para entrar en comunión de esta luz, y para participar en la manifestación consciente. La primera manifestación del desarrollo de SHA será la rectificación de nuestro cuerpo. Este proceso será progresivo y puede tardar en ser visible. No es milagroso. Puede tardar unos años en acelerar el proceso de sanación natural que llamamos actualmente "regeneración". De cualquier manera, desde el comienzo, acelerará cualquier proceso de sanación. Es una rectificación natural operada por el Espíritu en nuestra experiencia manifestada.

Este proceso de rectificación no es todavía el poder completo de manifestación, sí la preparación para que esto tenga lugar de manera consciente. Creamos desde el punto de vista del Espíritu.

Desde el punto de vista humano, tan solo podemos transformar. Aunque esta transformación es bastante eficiente, dado que todo lo que se realice con el Espíritu se realice con gran poder y eficiencia.

Tenemos opiniones y juicios a los que nos aferramos. Impiden el proceso de rectificación y manifestación. Al no ser conscientes de estas batallas internas, se manifiestan esporádicamente en forma de eventos, para desencadenar la expansión de conciencia y poder liberar el juicio al que nos aferramos, y aprender la lección. Estas lecciones se manifestarán a muchos niveles de experiencia, en forma de daño físico, de problemas emocionales o enfermedades mentales. Al ser conscientes de estos juicios, podemos comenzar a seleccionar a qué nivel de experiencia preferimos asumir las lecciones kármicas. Cuando nuestro cuerpo enferma, podemos rechazar la lección y luchar contra ello, o podemos agradecer al cuerpo que asuma la enfermedad, para que otros eventos no se manifiesten de otras maneras. Mientras el cuerpo pueda sanarse, algunos prefieren estar enfermos a tener un accidente mayor, o afrontar otros retos de la vida.

Dicho esto, cuanto más rápidamente reconozca la verdad tras la manifestación de sus lecciones, más rápidamente sanará o rectificará la situación. El objetivo sigue siendo la maestría de su vida y disolver la postura de víctima que el ego desea mantener.

El dolor emocional, las heridas y enfermedades son la manifestación de una actitud mental pobre o debilidad emocional de nuestro deseo de vivir. Cuanto más amplifique el flujo de la luz creativa del Espíritu hacia su experiencia humana, más se manifestarán estos defectos, aliviándoles del peso kármico. Si comienza a usar herramientas de poder sin purificarse según se expande su conciencia, simplemente manifestará más y más lecciones hasta quedar enterrado bajo ellas. En este momento, el Espíritu estará de nuevo frenado tras las nubes de su horrorosa existencia y esperará que despierte de nuevo. Esta no es la actitud de ningún buscador espiritual. Mantenga una actitud positiva y use las herramientas que tiene para mejorar su vida, siendo responsable de lo que manifiesta y usando su nuevo poder para rectificar lo que necesite. Si reveláramos las técnicas más poderosas a un neófito, sin ofrecerle las herramientas para procesar sus emociones y reconocer su ego, simplemente contribuiríamos a destruir su vida. Esta es la principal razón por lo que los conceptos de Kuji-In se instruyen de manera progresiva para permitir que el estudiante los absorba a su propio ritmo.

Cuanto más trabaje sobre sí mismo, más se desarrolla su poder sanador, para usted y para otros. Dado que no puede forzar este crecimiento personal en nadie, úselo para sí mismo. Cuanto más se ilumine, más capaz será de irradiar luz sanadora en torno a usted, dirigiéndola voluntariamente, o alimentándola como un aura natural de sanación a su alrededor. No le corresponde a usted decidir que otras personas afronten sus demonios. No empuje a otros a afrontar su crecimiento personal si no lo desean. Su asistencia sanadora les ayudará al nivel que estén preparados para recibir. Le corresponde afrontar sus propios demonios para convertirse en un gran sanador. Aunque sea beneficioso algún tipo de crecimiento personal en cualquier proceso de sanación, en general, los demás tan solo necesitan su amor compasivo.

En el libro avanzado, explicamos la aplicación de la sanación. No dude en revisar esta información para comprender mejor la visualización mental para centrar su atención en el proceso de sanación. Recuerde que la práctica de SHA no está encaminada a sanar, pero sí a desarrollar la habilidad de sanación. Una vez lo suficientemente desarrollada, puede utilizarla para asistir en el proceso de sanación natural de heridas y dolencias.

KAI

Conciencia KAI

El Amor Incondicional proviene de unificar nuestra conciencia con todo, creado o no. En el momento en que marcamos diferencias, no estamos permitiéndonos ser incondicionales. Aún así, es necesario marcar diferencias, desde un sabio discernimiento, para manifestar y experimentar una maravillosa vida humana. Al aceptar en su concepto humano de vida, que todo está unido desde un punto de vista espiritual, su conciencia se desarrollará, haciéndose perceptible una mayor intuición.

En este punto, estudiaremos el Tao de la Bondad. En la bondad, como en todo lo demás, hay un lado luminoso y un lado oscuro. ¿Quién diría que la bondad tiene un lado oscuro? Algunos piensan en las distintas manifestaciones dañinas, como cuando uno es demasiado bondadoso y lo da todo incluso poniéndose a sí mismo en dificultades. Pero esto no es la fuente actual de la bondad oscura, tan sólo resultado de ella. El Tao de la Bondad no hace referencia a las manifestaciones perceptibles de la bondad, pero sí a las intenciones originales que la originan.

La mayor parte de las personas desarrollan bondad como respuesta a un deseo de ser amados, en vez de desear amar. La bondad en sí misma resulta una bendición y sus manifestaciones son beneficiosas. Aún así, ¿qué ocurre cuando alguien que tiene miedo de ser rechazado descubre que tiene poder y confianza en sí mismo? Si el sentimiento de confianza y poder le sobrepasa, tal vez no haya más motivos para seguir siendo bondadoso.

Este proceso lo experimentamos todos, sin excepción. Hasta que descubrimos la belleza de la bondad como resultado del deseo de amar a los demás, la única motivación para ser bondadoso es la falta de amor, por lo que la bondad desaparece cuando comenzamos a confiar en nosotros mismos. No debemos juzgar la bondad dado que es una acción bendita, independientemente de lo que la motive. No debemos hablar de este proceso a aquellos que no han descubierto la confianza en sí mismos, porque debilitaría su bondad. Sencillamente debemos ser conscientes de este Tao, y reconocernos en estos cambios de comportamiento. Es importante la necesidad de ser amados. Es importante sentirse amados por otros mientras estamos en este estado de experiencia. Esta necesidad de ser amados permanecerá hasta que alcancemos un alto nivel de iluminación, por lo que no debemos juzgarlo.

Aceptemos el nivel de evolución en el que estamos, y progresemos para ser mejores personas.

Conocer el Tao de la Bondad no es una razón para no estimar o despreciar la bondad. Sencillamente permanezca lo suficientemente humilde para reconocer cada vez que no sienta la necesidad de bondad, para sustituir la motivación obsoleta por una de más alto nivel, que sería el deseo de amar incondicionalmente.

La bondad, independientemente de su motivación, del amor o de la falta de amor, nunca será una buena razón para prescindir de su integridad. La bondad no es una herramienta de autodestrucción. Debe permanecer libre; libre de cargas y libre de límites. La bondad más allá de preservación de uno mismo es tan solo fruto de la ausencia de amor. Desde otro punto de vista, la bondad no es tal si requiere de algún intercambio. A pesar que el intercambio de bondad siempre es bienvenido, no se requiere para que sea una expresión de bondad verdadera. La bondad no es negociación, y no es negociable.

No tiene que ser bondadoso si no lo desea. Ha de respetarse en este sentido. Con el tiempo, afrontará retos de vida que le enseñarán la importancia de la bondad verdaderamente deseada. La bondad no ha de forzarse sobre la conducta natural. Tómese todo el tiempo que desee para darse cuenta de lo oscura que puede llegar a ser su vida sin la bondad como herramienta de amor.

La bondad es una bendición y es la expresión de amor en nuestras interacciones con seres humanos. Se fomenta sin tener en cuenta sus motivaciones. Sea consciente de sí mismo verdaderamente y sus intenciones se volverán puras. La bondad en sí misma es siempre pura.

Técnica KAI

Mudra KAI

El mudra KAI es claro. Deseamos unirlo todo. Y uniendo todos los dedos llevará a nuestra mente a construir la asociación y la comprensión de que el universo es uno. Este concepto de unidad nos ayudará a desarrollar compasión y amor incondicional, aceptando todo tal y como es, no haciendo diferencias desde el punto de vista del Espíritu.

Nuestra aplicación del mudra KAI entrelaza todos los dedos como unificación, equilibrando entre el interior y el exterior, entre la versión completamente exteriorizada que mantiene todos los dedos doblados sobre la mano opuesta, y el mudra JIN que mantiene todos los dedos en el interior. Mantener todos los dedos entrelazados así forma un mudra de unificación de todas las cosas mientras que mantener las palmas juntas con los dedos doblados sobre la mano opuesta expresa compasión hacia el exterior, lo que también es muy bueno.

Mantra KAI

KAI significa *todo*. En esta técnica, se deja absorber por el concepto grandioso del todo absoluto. Deje que su corazón sienta amor por todo, sin límites ni creencias.

On	no-o maku	san man da	ba za ra dan	kan
Om	namah	samanta	vajranam	hâm
O	homage	everything	diamond	hâm
Oh	homenaje	todo	diamante	hâm

Pronunciado: Om namah samanta vajranam ham!

Los Shinto hacen referencia a Inari, tanto Dios como Diosa de la abundancia. Esta disponibilidad de ambos sexos nos ayuda a desapegar el concepto de amor al de sexualidad, y nos enseña a amar desde el corazón independientemente de la sexualidad. Como la sexualidad es de gran importancia en nuestra experiencia humana hemos de entrenar al corazón humano a amar independientemente del concepto de sexualidad.

Los budistas hacen referencia a Aizen Myo, la Luz de la Pasión donde vemos de nuevo un eslabón con el corazón y los sentimientos. La Luz de la Pasión no es la pasión densa a nivel humano. Es la pasión que experimenta el Espíritu hacia todas las cosas. Es la única manifestación posible del gran amor por todas las cosas.

Los hindús podrían traducir el mantra como: Om (palabra sagrada), saludo su grandeza, Señor Indra, que lleva Vajra en sus manos y a todos sus ministros. Se referirán a todos los que mantienen el relámpago de Indra, en vez de usar la palabra "todos" para referirse a todo lo que hay.

Recordaremos la palabra sánscrita "vajraman" que significa diamante, aunque también una expresión de la luz creativa manifestada o tangible. Aquí, "vajraman" es una luz más sutil.

En nuestra tradición: Om namah Samantha vajranam hâm
Significa: Oh, Homenaje al Universal Vajra *Hâm*

La sílaba Hâm permanece como semilla del mantra que expresa el proceso de creación, que no es traducido. No es una palabra, sino una herramienta.

Meditación Kuji-In

Siéntese en una postura de meditación. Relájese, aclare la mente, Use su conocimiento Kuji-In para hacer un ritual rápido y centrarse. Use los nueve sets en nueve respiraciones, recitando los mantras sánscritos 3 veces por cada exhalación. La visualización es libre. El objetivo es aclarar su mente posteriormente.

Contémplese como cuerpo humano. Tómese un minuto para observar su identidad física. Luego vacíe su mente.

Contémplese como ser humano, en su totalidad. Luego vacíe su mente.

Contémplese como Espíritu, y preste atención durante un minuto. No se defina como Espíritu, pero sí déjese informar sobre ello. Aunque no vea, sienta, o entienda nada, viva la experiencia. Luego, observe el vacío y medite.

Libere todo tipo de atención mental. Observe sin esfuerzo, observe la nada, simplemente mantenga el pensamiento de fondo de que está observando al Espíritu. Permanezca en este estado, sin mantra ni actividad mental, tanto como pueda.

JIN

Conciencia JIN

JIN es un lugar de conocimiento y expresión. Es un punto de vista desde donde observamos el universo y su funcionamiento. Une cada parte de nosotros con todo lo demás. Es un lugar donde el conocimiento está más allá de la comprensión, y la compresión es posible con la experiencia de la verdad.

La verdad no es un mero hecho observable, sino un concepto desde donde hemos sido creados. Mientras practicamos recordar quienes somos verdaderamente, abrimos las puertas al conocimiento puro del Espíritu. Este conocimiento es revelado por el Espíritu y adquirido por el ser humano. Con paciencia, ocurrirán revelaciones, cada vez más claras y más intensas. Cuanto más lo experimente, más poderoso será. Llegará un momento en el que empleará mucho tiempo en el proceso de revelación y el nuevo conocimiento será sencillo de alcanzar. Pero no es fácil frecuentemente poner este conocimiento en palabras, y no deberíamos permitir a nuestro ego afirmar pretenciosamente que está en posesión de ningún conocimiento. El conocimiento revelado es frecuentemente más personal que general, y no siempre se aplica a la experiencia de los demás. Debe ser lo suficientemente sensible para distinguir una verdad revelada de un sueño fantaseado del ego.

Un efecto secundario interesante del desarrollo de JIN es la aparición esporádica de comunicaciones telepáticas. No son transmisiones claras como una comunicación telefónica. Incluso no utilizan palabras. Al ganar experiencia en el flujo libre del conocimiento y los conceptos, podremos alcanzar aquellos conceptos que nacieron en la mente de otros. Sin embargo hay algo importante que recordar. Si juzgamos los conceptos percibidos tan solo un mínimo, no se ocurrirá la comunicación telepática, por la presencia del ego en el proceso. Aún, esperaremos desarrollar una comunicación telepática para tener información acerca de hechos concretos, y no obtendremos resultados. A pesar que puede practicar centrándose en la escucha telepática, la lectura de mentes conlleva una gran cantidad de energía cuando se hace desde el punto de vista del ego, y no tiene garantías que la información no ha sido distorsionada por los defectos que llevaron al mal uso de esta maravillosa habilidad. Se recomienda no centrarse en esta habilidad y dejar que funcione por sí misma mientras mantenemos nuestra mente y corazón en un estado de humildad y compasión.

Técnica JIN

Mudra JIN

Mientras que el mudra JIN no tiene parecido con el mudra KAI, los dedos se conectan desde el interior de las manos, las puntas de los dedos correspondientes tocándose. Este mudra nos ayuda a  entrar en contacto con todas las conexiones internas que hacemos, a nivel de mente, corazón y Espíritu. Es el mudra que pone en contacto los diferentes niveles para alcanzar una comprensión global de todas las situaciones. JIN afecta tanto a la comprensión como a la expresión del conocimiento. Estas conexiones internas llevarán a la experiencia del conocimiento sin palabras. El conocimiento más profundo está compuesto de pensamiento conceptual, sin palabras y sin etiquetar por nuestra interpretación humana.

Este mudra mantiene todos los dedos hacia dentro, haciendo las conexiones desde el interior, el desarrollo de la comprensión de todas las cosas. El mudra JIN es el mudra más usado de la mayoría de las tradiciones.

Mantra JIN

JIN significa *explicar* o *demostrar*. Esta técnica kuji-in es el lugar del conocimiento y la comprensión. Es donde aprendemos explicando desde el Espíritu al humano, el conocimiento alcanzado a través de la observación interna y la contemplación.

On	aganaya	in	maya	sowaka
Om	agnaya	yan	maya	swaha
O	fire of Agni	made of	surnatural	glory
Oh	fuego de Agni	hecho de	sobrenatural	gloria

Pronunciado: Om agnayaa yanmayaa Swaha!

Los Shinto rezan a Sumiyoshi, un dios conocido por su amor a la poesía y el proceso de purificación. Los budistas rezan a Sho Kanzeon, otro nombre para Avalokitesvara, el Buda de la Compasión. Para los hindús, es una oración de sacrificio de nuestros pensamientos negativos en el fuego de Agni.

Cuanto más avanzamos en la espiritualidad de Kuji-In, más abstracta se vuelve. Al progresar en el camino hacia la iluminación, todo se vuelve más claro, aún el más elevado nivel de información que procede de más allá de la mente humana. Este conocimiento puede tener lugar en nuestra mente humana solamente a través del proceso de revelación, convirtiendo la intelectualidad estándar en obsoleta.

Para percibir este conocimiento, nuestra mente ha de descubrir la serenidad, a través de la práctica perseverante. Al unirse lo humano al Espíritu en una única existencia, ocurre la revelación y el conocimiento del universo queda disponible para la mente humana según su capacidad para acceder a ella. El Espíritu nunca lucha en contra de los deseos del humano, incluidos los deseos de ignorancia camuflados. Estamos afrontando otro reto de nuestro ego humano. La revelación tiene lugar solo al admitir que no sabemos. Así, el conocimiento revelado tenderá a seguir aquello que estábamos observando. Se requiere mucha práctica para desarrollar una actitud humilde, presentando al Espíritu el conocimiento que tenemos como humanos, y permitiendo ser enriquecidos o rectificados por su intervención a través del proceso de revelación. Debemos dar permiso voluntariamente al Espíritu para transmutarnos, incluso a nivel mental.

En nuestra tradición, Om agnayaa yanmayaa Swaha!
Significa: Oh, Divino Fuego Sobrenatural, Gloria

Es un mantra de trascendencia y transmutación. Es una llamada al Espíritu y al humano para que intervenga en nuestra existencia.

Convoca la serenidad de nuestro humano para que el Espíritu pueda penetrarlo, y en la calma de la bendición divina, tomamos conciencia de la verdad sobrenatural sobre nosotros mismos.

Revelación

En los siguientes capítulos, se le proporcionará información para que pueda contemplar y permitirse aprender de su Espíritu. El verdadero conocimiento vendrá de una revelación progresiva, y no para ser transmitido a otros seres humanos, dado que esto requiere una disponibilidad que da la práctica regular de Kuji-In durante años.

Tómese tiempo para desarrollar sus habilidades. Practique todo lo que pueda. No se moleste con cuestiones que no le conciernen, acerca de los misterios del Espíritu. Deje de confiar tanto en el conocimiento que puede adquirir de forma humana, dado que éste es el campo del Espíritu, y el nuevo conocimiento sólo puede ser adquirido de manera espiritual.

La paciencia y la determinación le llevarán al éxito. La humildad le llevará a un gran conocimiento del funcionamiento del universo. El Espíritu está más allá de las palabras. Así, la revelación tendrá lugar sin palabras, y usted alcanzará la verdad.

Retsu

Conciencia Retsu

Ahora nos encontramos en un área de tránsito entre dimensiones. El espacio y tiempo son tan solo definiciones que ponemos a nuestra percepción. Desde el Espíritu a lo humano, y de lo humano al Espíritu, no hay etiquetas, nombres, diferencias, o nada que se pueda definir separadamente en niveles o compartimentos. Al ser conscientes de estas dimensiones, a nivel mental, de forma natural les ponemos imágenes, sonidos y sentimientos a la experiencias para poder integrar esta información a nivel mental. Es una buena manera de interpretar los mecanismos del universo, mientras recordemos que nuestros pensamientos no dejan de ser interpretaciones. Cada interpretación difiere de una experiencia a otra, de la misma manera que hay similitudes dado que es el mismo universo observado desde diferentes puntos de vista, de distintas formas.

RETSU es donde transmutamos los límites de la percepción. Es donde una larga hora deja de ser agotadora, y los pequeños momentos dejan de ser tan frágiles. Es desde este punto de vista desde donde puede recordar eventualmente su propia inmortalidad y eternidad como Espíritu. En adelante, el tiempo humano deja de tener importancia por sí mismo, aunque debe usted de recordar su responsabilidad a nivel humano. Los mismos cambios tendrán lugar con su percepción del espacio. Demasiado pequeño o demasiado grande son conceptos que desaparecen, llevándole a la apreciación independientemente del tamaño. Desde el momento que se recuerde como Espíritu, la eternidad y el tamaño de su existencia, cada medida humana pierde peso.

Esta nueva percepción es una herramienta de gran poder, ya que libera nuestra percepción del ego humano. Es el sitio donde el ego espiritual aprovecha cada oportunidad para minimizar el valor de su experiencia humana. Sí, podríamos decir que tenemos un ego espiritual. De hecho, los egos humano y espiritual son sencillamente lo mismo, vistos desde puntos de vista diferentes. De cualquier manera, el ego está presente e intento limitar la expansión de su conciencia. Y sabe bien, que usted expandirá su conciencia a través de su experiencia humana.

Sea responsable con sus condiciones humanas, sin permitir que limiten su experiencia de vida. Recordará quien es una vez se convierta en su templo humano totalmente encarnado, como Espíritu.

Técnica Retsu

Mudra Retsu

En este mudra, el índice de la mano humana presiona su afirmación de vida al escalar el canal de la mano del Espíritu, para entrar en contacto finalmente con la expresión y conciencia espirituales, el índice y pulgar espirituales. Para algunos, es una referencia al despertar de la energía kundalini, el poder de la vida que reside en el chakra base, y que se eleva por la columna vertebral una vez despierta. Para otros, es la elevación de la mente en comunión con el ser superior. Podemos pensar que representa lo humano cruzando todas las dimensiones espirituales para alcanzar la iluminación. Me gusta creer que es todas estas interpretaciones y más.

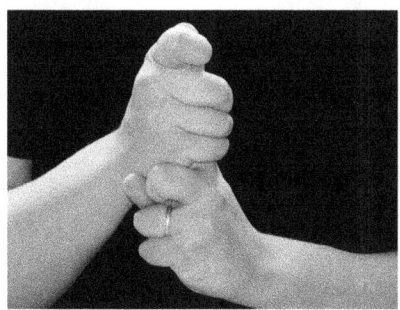 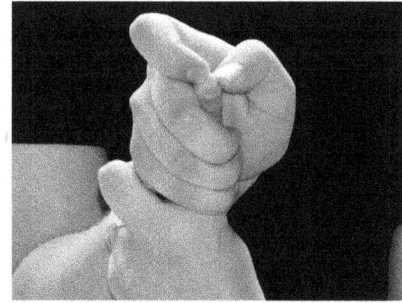

Desde un punto de vista elemental, la mente humana, representado por el dedo índice/aire de la mano izquierda, está envuelto en cada dimensión del Espíritu, y en comunión con la nada espiritual y el elemento aire.

Mantra Retsu

Retsu significa *separar*. La primera cosa que se percibe como separación, en la creación, es la aparición del concepto de dimensiones. Retsu corresponde al universo multidimensional en el que vivimos. Esta técnica es un eslabón entre estas dimensiones, y puede ser usada para establecer relaciones con muchas de ellas al mismo tiempo.

On	I ro ta	ki	cha no ga	ji ba	tai	sowaka
Om	jyota	hi	chandoga	jiva	tay	swaha
O	lighting /brilliance	for	chanting	life	stream	glory
Oh	luz/brillo	para	cantar	vida	flujo	gloria

Pronunciado: Om jyotihi chandoga jiva tay Swaha!

Note que la pronunciación cambia de *jyota* a *jyoti* al unirse a *hi*. Es uno de los aspectos complejos del sánscrito.

Los Shinto rezan a Nifu Daimyojin, conocido como la deidad de la Vida Roja. Se refieren a la energía roja de vida que no puede extinguirse y que nos mantiene vivos. Los budistas rezan a Amida Nyorai, o Amithabha Buddha, la Luz y la Larga Vida, de nuevo haciendo referencia a la eternidad de nuestra existencia, o a extender nuestra vida.

La recitación mencionada es una manera de describir la vibración del sonido. La luz que invocamos es la luz que ayudará al flujo de nuestra vida a vibrar más intensamente. Nuestro flujo de vida es lo que une nuestro Espíritu a nuestra encarnación humana. Es el flujo de la luz divina atravesando todas las dimensiones y niveles de experiencia desde el Espíritu al cuerpo humano. Así, con este mantra invocamos la Luz Divina que hace que vibre nuestra corriente de vida.

En nuestra tradición: Om jyotihi chandoga jiva tay Swaha!
Significa: Oh, Luz que hace que Vibre el Flujo de Vida, Gloria

ZAI

Conciencia ZAI

Somos creadores de todo aquello que experimentamos. Somos los maestros de nuestras vidas. Cuando el Espíritu viene del cielo y desciende a los reinos humanos, teñimos la Luz de la Creación con las bendiciones de nuestra condición humana, llevándonos a la manifestación de todo lo que experimentamos.

A todos los niveles, purifíquese, transmute, rectifique para convertirse en un templo puro de luz y poder. Según progrese en el camino, céntrese en aquello que es simple, alegre y maravilloso para su experiencia humana, foméntelo y progresivamente libérese de su cárcel de enjuiciamiento y dolor. Sencillamente mantenga una sonrisa en la cara. Sea feliz. Haga todo aquello que esté en su mano para hacer su vida maravillosa. Es su responsabilidad, y tiene las herramientas para tener fe en el éxito.

Si hay algo específico que desee, sea cuidadoso al enunciarlo. Digamos, por ejemplo, que está herido y quiere sanar. Si su enfoque mental es "Sano mis heridas", manifestará más heridas para poder sanarlas. Si desea tener suficiente dinero para pagar sus facturas y enfoca en "Pago todas mis facturas", creará muchas más facturas para poder pagarlas.

Si quiere sanarse, enfoque en "Estoy sano" y visualícese sano. Si desea tener mucho dinero, enfoque en "Tengo mucho dinero", y no juzgue su enfoque. Frecuentemente, el primer obstáculo para la manifestación es el juicio que ponemos sobre el elemento que enfocamos. Si siempre dice que el dinero es sucio y se usa para crear guerras, tendrá dificultades en manifestar dinero, dado que también desea paz. Asegúrese de amar aquello que desea manifestar. Transfórmese y libérese de juicios antes de comenzar un proceso consciente de manifestación.

No daré un ritual concreto de manifestación de momento. Es preferible que improvise, manteniendo unas reglas básicas en mente, antes de seguir un ritual concreto. Una vez esté todo claro en su mente, y su afirmación llevada a la expresión más simple, combine todas las herramientas que ha aprendido hasta ahora e invoque la manifestación. Estire hacia arriba ambas manos e invoque la presencia de su Espíritu, a su experiencia humana, mientras baja las manos haciendo que la luz creadora fluya a la tierra, y al mundo a su alrededor. Sea creativo, diga palabras sencillas y poderosas. Enuncie su deseo en alto (si puede), sienta su deseo, visualícelo, créelo, mientras conecta con los reinos elevados de la Luz Divina, trayéndolo al mundo creado.

Recuerde que ZAI no es un ritual de manifestación en sí mismo, pero sí una técnica para fomentar sus habilidades creativas. Tras practicar ZAI durante un tiempo, su poder de manifestación será cada vez más obvio y eficiente. Pero justo después de la primera vez, podrá sentir cómo fluye el poder de la creación en su interior. Puede que le lleve un tiempo manifestar sus deseos, pero lo harán si además trabaja con sus herramientas humanas para hacerlos posible.

Si desea manifestar amor en su vida, pero nunca da un paso para encontrar gente, manifestará un gran amor desde sí mismo hacia sí mismo. Si desea un compañero, salga y encuentre uno, asistido por aplicaciones esporádicas de su ritual de manifestación. Luego, no juzgue lo que le traiga la vida, acéptelo como una lección nueva.

Técnica Zai

Mudra ZAI

Este es el mudra de la creación y de la creatividad. Los índices de afirmación y los pulgares de conciencia se unen mientras que todos los niveles de experiencia y sensibilidad se extienden en el 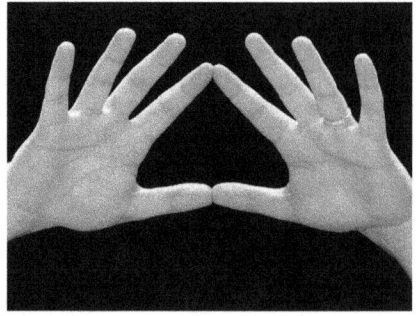 resto de dimensiones, de manera que manifiestan la luz creativa procedente del mundo espiritual.

En algunas tradiciones, el mudra se hace creando un círculo con los índices y pulgares simbolizando el sol, creador de todas las cosas. En otras tradiciones, los índices y pulgares crean un triángulo apuntando hacia arriba, representando la elevación de la mente meditativa. En cada caso, el resto de los dedos se extienden representando el fenómeno de la manifestación a todos los niveles. Es el indice/aire y el pulgar/vacío que provocan la manifestación, y el medio/fuego, anular/agua y meñique/tierra que trabajan las energías para operar la manifestación.

Mantra ZAI

ZAI significa *existir* o *estar situado en algún sitio*. A veces indica un concepto que parece *algo en los reinos exteriores*. Desde el punto de vista del Espíritu, existir en el exterior se refiere al concepto de manifestación en la dimensión, esto es, el fenómeno de la creación.

On	chi ri chi	I ba	ro to ya	sowaka
Om	sRj	iva	Rtaya	swaha
O	creating	in a manner	the proper way	glory
Oh	creando	de una manera	de forma adecuada	gloria

Pronunciado: Om srija iva Rtaya Swaha!

En este punto, los Shinto rezan a la deidad del sol Nitten Shi. El sol es el símbolo de la creación en muchas tradiciones. Los budistas rezan a Miroku Mosatsu, o Maitreya Buddha, que es el Buda del Futuro. Como en el futuro, apuntamos el concepto que será, haciendo referencia a la creación que está por llegar.

En nuestra tradición: Om srija iva Rityaa Swaha!
Significa: Oh, Creando con Perfección, Gloria

Practicando este Kuji-In fomentará su habilidad para crear, su habilidad para permitir al Espíritu modelar su experiencia humana en función de lo que usted se centre, en su mente y su corazón.

ZEN

Conciencia ZEN

Lo humano y el Espíritu siempre se tocan. De hecho, son la misma cosa, percibida desde distintos puntos de vista. Todo lo que usted es, en todos los aspectos, como ser, evolucionando a través de dimensiones y experiencias simultáneas.

Su cuerpo, su Espíritu y su corazón, con un solo ser vibrando en distintas frecuencias a la vez, nunca separados por ninguna dimensión. Nuestra mente usa las dimensiones como maneras para etiquetar diferentes niveles de percepción, múltiples puntos de vista. Nada nos separa de ninguna manera. Somos completos, y perfectos. Todo lo que falta es para hacernos recordar esta verdad.

Kuji-In, en la aproximación transformacional, le asistirá en su evolución, desde la resolución de sus conflictos a la elevación de su percepción. Le ayudará a liberar sus miedos, dudas, vergüenza y rabia. Le ayudará a recordar quién es, y a traer de nuevo su memoria a la luz, en el conocimiento consciente de que usted es uno consigo mismo.

Técnica ZEN

Mudra ZEN

En este mudra, lo humano se somete al Espíritu. El único aspecto que permanece activo en la mano humana es el pulgar de conciencia, para que toque la conciencia del Espíritu. Más allá,  la mano izquierda descansa sobre la mano del Espíritu. La mano del Espíritu recibe la mano humana, para hacerse cargo de ella. Este mudra se conoce como el Sello Dorado, en algunas tradiciones budistas, chinas. Algunas tradiciones posicionan los dedos de la mano derecha en frente de la mano izquierda, cubriéndola, y el índice izquierdo toca la punta del pulgar derecho. Esta variación del mudra se usa en las artes marciales al invocar a Marishi-Ten para escudarnos o escondernos de nuestros enemigos. Hay otras variaciones conocidas del mudra ZEN.

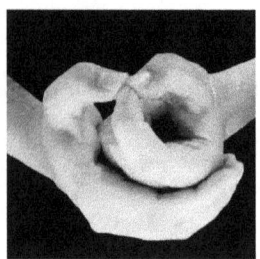 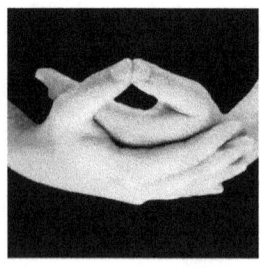 

Mantra ZEN

ZEN significa *en frente*, o *antes*, en referencia al concepto de obviedad. Para percibir la esencia obvia de la realidad en un mundo lleno de fantasía, sueños y miedos se requiere una mente en calma.

Jap. Knj:	On	a	ra	ba	sha	no-o	sowaka
Sánscrito:	Om	ah	ra	pa	ca	na	dhi

Sin traducción a ninguna lengua, este mantra se asocia a aquello que los budistas llaman el mantra Manjusri Bodhisatwa mantra, también conocido como la invocación de la perfección. "Ca" se pronuncia "tcha / tsha" con una silenciosa "t".

Los Shinto rezan a la deidad Marishi-Ten, el guardián de los guerreros. Los budistas rezan a Monju Bosatsu o a Manjushri Bodhisattva, el Buda de la Sabiduría.

De hecho, es la túnica de la ilusión que esconde la verdad, mientras usamos la invocación de la perfección, en un punto donde a nuestros ojos humanos se les permite cerrarse lo suficiente para que nuestros ojos espirituales perciban la realidad como es.

Este fenómeno incrementa nuestro rango de vibración, lo que hace más difícil para otras mentes humanas activas aceptar la existencia de esta presencia celestial en el mundo. Esto significa que puede ocurrir que alguien no note nuestra presencia incluso cuando debiera ser aparente para ellos.

Este mantra puede no tener significado, porque no inventamos uno para nuestra tradición. Enseñamos que este mantra no ha de ser comprendido, simplemente ser pronunciado conscientemente, para que despierte la presencia del Espíritu en nuestro mundo humano.

Medite mucho, todo lo que pueda. Tómese su tiempo para olvidar su yo humano, para poder alcanzar su yo espiritual. Deje que tenga lugar la revelación de la verdad, y nunca sea impaciente para compartir sus descubrimientos con otros, que no comprendan lo que está diciendo. Esta técnica es para que usted la use y la descubra. Aquí es donde comienza el verdadero camino.

Conclusión

Donde comienza el camino

Aquí comienza el verdadero camino del Maestro. Aquí es donde tienen lugar las aplicaciones. En adelante, tiene las herramientas para descubrir la sabiduría profunda escondida en un puñado de sellos, palabras e imágenes. Se convertirá en maestro de esta técnica al permitir ser tocado por el Espíritu.

Hasta entonces, estará recibiendo los tesoros de su práctica. Aprendió (RIN) a confiar en sí mismo, incluso a tener fe en sí mismo, dado que (KYO) es responsable (TOH) de aprovechar armoniosamente (SHA) el poder, (KAI) elevado en compasión (JIN) para su comprensión, (RETSU) y que fusionándose con su Espíritu, (ZAI) pueda crear para sí mismo (ZEN) una vida de perfección. Rezo al Dios que usted reza, para que sea bendecido con su presencia sagrada. Encuentre la verdad, como Espíritu. Realícese en todo su potencial. Recuerde quién es, y entregado a toda ilusión, encuentre la paz.

~ *MahaVajra*

El buscador de la maestría Kuji-in puede desear implicarse en la enseñanza de Kuji-In a otros. La certificación de Kuji-In desde la Aproximación Transformacional está disponible en www.kujiin.com.

www.ingramcontent.com/pod-product-compliance
Lightning Source LLC
Chambersburg PA
CBHW070053120426
42742CB00048B/2512